초등학생이
가장 궁금해하는
수수께끼
세계사

초등학생이 가장 궁금해하는 수수께끼 세계사

2016년 6월 20일 초판 1쇄 발행
2019년 1월 30일 초판 2쇄 발행

글 | 박현진
그림 | 김재일, 홍성지

펴낸이 | 정동훈
편집전무 | 장정숙
펴낸곳 | (주)학산문화사
등록 | 1995년 7월 1일 제3-632호
주소 | 서울시 동작구 상도로 282 학산빌딩
전화 | 편집문의 828-8872~3, 주문전화 828-8985
팩스 | 828-8850(편집부), 823-5109(영업부)

편집 | 김양섭, 김상범
디자인 | 신지영
마케팅 책임 | 최낙준
마케팅 | 김관동, 이경진, 심동수, 고정아, 고혜민, 서행민
제작 | 김장호, 김종훈, 정은교, 박재림

ⓒ박현진, 김재일, 홍성지 2016
ISBN 979-11-256-5302-8 74900
ISBN 979-11-253-5301-1 (세트)

※KC마크는 이 제품이 공통안전기준에 적합하였음을 의미합니다.
※이 책은 저작권법에 따라 한국 내에서 보호받는 저작물이므로 무단 전재와 무단 복제를 금합니다.
    이 책의 전부 또는 일부를 이용하려면 반드시 저작권자와 출판사의 동의를 받아야 합니다.
※잘못된 책은 바꾸어 드립니다.

초등학생이 가장 궁금해하는
수수께끼 세계사

글 박현진 | 그림 김재일·홍성지

채우리

세계사를 왜 공부해야 할까요?

어쩌면 몇천 년 전, 몇백 년 전 다른 나라의 이야기라는 것이 너무나 먼 일처럼 생각될지도 모르겠습니다. 따라서 세계사는 우리와 상관없는 일이라 생각할 수도 있습니다. 하지만 어린이 여러분! 눈을 감고 드넓은 우주를 상상해 보세요.

드넓은 우주에서 지구를 바라보세요. 우주에서 볼 때 지구는 수많은 별 중에 하나, 아주 작은 별에 불과합니다. 그러니까 지구촌 곳곳, 여러 나라에서 일어나는 일들이 우리와 상관없는 먼 나라의 일 같지만 우주의 관점에서 볼 때 지구라는 작은 별에서 일어나는 작은 일에 불과합니다.

즉, 세계사는 우리와 너무 멀리 떨어져 있는 일이라 생각할 수 있지만, 사실은 우리 생활과 매우 밀접한 관계를 가지고 있는 이야기입니다.

    이 책은 수수께끼를 풀면서 세계 곳곳의 역사를 탐험하려 합니다. '누가 월화수목금토일을 만들었을까?' 하는 알쏭달쏭한 문제부터, 기계가 세상을 바꾼 사연, 나라를 빼앗겨 독립운동을 벌인 여러 민족의 이야기까지 수수께끼를 통해 세계와 친구가 되려 합니다. 수수께끼를 풀면서 세계 곳곳을 탐험하다 보면 여러분은 알게 될 것입니다.

    세계는 여러 나라와 여러 민족이 각기 다른 피부색과 종교를 가져 갈등을 빚기도 하지만, 언제 어디서나 좋은 세상을 만들기 위해 노력하는 사람들이 있었다는 것을요.

    우리는 그들이 만든 어제를 배워, 오늘을 슬기롭게 살아내고, 내일의 꿈을 일궈 나갈 것입니다. 그래서 조금 더 좋은 세상을 만들 것입니다.

박현진

차례

1. 크로마뇽인의 동굴 벽화 (2만여 년 전)
옛날 사람들은 왜 동굴에 그림을 그렸을까? · 10

2. 농경 시작 (1만여 년 전)
씨를 버리면 먹을 것이 많아져? · 12

3. 계급 발생 (6000여 년 전)
왕은 왜 생겨서 아빠를 괴롭히는 거예요? · 14

4. 수메르인의 문자 발명 (기원전 3300년경)
글자는 어떻게 생기게 되었을까? · 16

5. 바빌로니아의 천문학 발전 (기원전 3000년경)
'월화수목금토일'은 누가 만들었을까? · 18

6. 이집트의 피라미드 건설 (기원전 2500년경)
트럭만 한 돌덩이를 쌓아 만든 삼각산? · 20

7. 최초의 성문법, 함무라비 법전 (기원전 1750년경)
옛날에도 법이 있었을까? · 22

8. 인도의 카스트 제도 (기원전 1500년경)
접촉해선 안 되는 사람? · 24

9. 스파르타의 군국주의 (기원전 1200년경)
맞는 것도 교육이다? · 26

10. 아테네의 선거 (기원전 550년경)
우리의 지도자는 우리 손으로? · 28

11. 부처 탄생 (기원전 550년경)
왕자님이 부처가 되다니? · 30

12. 중국의 유교 성립, 공자 (기원전 552~479년)
제자가 3천 명이나 되는 선생님? · 32

13. 페르시아 전쟁 (기원전 492~479년)
전쟁 때문에 마라톤이 생겼다고? · 34

14. 아테네의 철학자, 소크라테스 (기원전 470~399년)
나쁜 법도 지켜야 한다고? · 36

15. 진시황제의 분서갱유 (기원전 212년)
황제가 책을 태웠다는데? · 38

16. 스파르타쿠스의 봉기 (기원전 73~71년)
칼싸움을 오락으로 여겼으니 반란이 일어났지 · 40

17. 악티움 해전 (기원전 31년)
예쁜 여자 때문에 일어난 전쟁? · 42

18. 예수 탄생 (1년)
마구간에서 태어난 유명한 아기? · 44

19. 채륜의 종이 발명 (105년)
종이가 없었을 땐 글씨를 어디에 썼지? · 46

20. 콘스탄티누스의 밀라노 칙령 (313년)
이제부터 기독교를 믿어도 된다고? · 48

21. 서로마 멸망 (476년)
굴러 온 돌이 박힌 돌을 뽑았다? · 50

22. 게르만 족의 이동 (4~8세기경)
따뜻한 남쪽 나라로 이사 가는 사람들? · 52

23. 봉건 제도 성립 (6세기경)
원탁의 기사는 왜 아더 왕에게 충성을 맹세했을까? · 54

24. 장원 제도 형성 (6세기경)
반은 노예, 반은 농민? · 56

25. 마호메트의 이슬람교 창시 (610년)
동굴 속에 울린 알라 신의 목소리? · 58

26. 이슬람 제국의 포교 전쟁 (7세기경)
코란이냐, 칼이냐, 세금이냐? · 60

27. 중국 당나라의 측천무후 즉위 (690년)
아들을 죽이고 황제가 된 여자? · 62

28. 카노사의 굴욕 (1077년)
눈 쌓인 뜰에 무릎을 꿇은 황제? · 64

29. 십자군 전쟁 (1096~1272년)
십자가를 붙인 군인, 사람 고기를 먹다니? · 66

30. 중세 도시의 발전 (10~13세기경)
자유로운 도시로 가자? · 68

31. 중세 대학의 성립 (12세기경)
집에도 안 가고 공부하다가? · 70

32. 존 왕의 대헌장 승인 (1215년)
왕도 법을 지켜야 해? · 72

33. 아비뇽 유수 (1309년)
교황은 왜 로마에서 아비뇽으로 이사 갔을까? · 74

34. 마르코 폴로의 《동방견문록》 (1298~1299년)
동양에는 신기한 것투성이야? · 76

35. 중세 시대의 농민 반란 (14세기 말)
누구는 귀족, 누구는 농민? · 78

36. 흑사병 만연 (14세기)
하느님의 천벌, 흑사병? · 80

37. 마녀사냥 (15~17세기)
마녀를 사냥했다니? · 82

38. 르네상스 (14~16세기)
이젠 인간이 먼저다? · 84

39. 구텐베르크의 인쇄술 발명 (1450년경)
부자가 아니라도 책을 읽을 수 있다? · 86

40. 콜럼버스의 아메리카 대륙 발견 (1492년)
새로운 땅을 찾아냈다고? · 88

41. 마젤란의 세계 일주 (1519년)
최초로 세계 여행을 한 사람? · 90

42. 루터의 종교 개혁 (16세기)
천국 가는 티켓이 있다는데? · 92

43. 칼뱅의 종교 개혁 (16세기)
천국 갈 사람은 이미 정해져 있다? · 94

차례

44. 잉카 제국 멸망 (1532년경)
성경책을 찢어 버려 멸망한 나라? · 96

45. 코페르니쿠스의 지동설 (1543년경)
그래도 지구는 돈다 · 98

46. 절대 왕정 (17세기)
파티에 참석하지 않으면 관리도
될 수 없다? · 100

47. 영국의 청교도 혁명 (1642년)
왕이 높을까, 시민이 높을까? · 102

48. 러시아의 표트르 1세 즉위 (1682년)
러시아 황제는 왜 공장에서
일했을까? · 104

49. 영국의 명예혁명 (1688년)
왕이 바뀐 명예로운 사건? · 106

50. 보스턴 차 사건 (1773년)
홍차 때문에 독립한 나라? · 108

51. 미국의 건국 (1783년)
민주적인 나라 미국? · 110

52. 프랑스 혁명 (1789~1794년)
감옥의 죄수를 풀어 주자고? · 112

53. 나폴레옹의 즉위 (1804년)
놀림 받던 소년이 황제가 되기까지? · 114

54. 산업 혁명 (18세기 말)
기계가 세상을 바꾸었다는데? · 116

55. 자본주의 사회 형성 (19세기경)
어린이들은 왜 공장에서 일해야
했을까? · 118
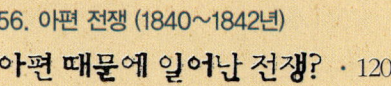

56. 아편 전쟁 (1840~1842년)
아편 때문에 일어난 전쟁? · 120

57. 마르크스의 공산당 선언 (1848년)
세계의 노동자여, 힘을 합쳐라? · 122

58. 다윈의 진화론 (1859년)
원숭이가 변해서 사람이 되었다? · 124

59. 태평천국 (1851~1864년)
땅 위에도 천국이 있다는데? · 126

60. 인도의 세포이 항쟁 (1859년)
쇠기름 때문에 일어난 인도의 반란은? · 128

61. 미국의 남북 전쟁 (1861~1865년)
링컨 대통령에게 총을 겨눈 까닭은? · 130

62. 비스마르크의 철혈 정책 (1871년)
철과 피로 통일을 이루자? · 132

63. 파리 코뮌 (1871년)
노동자의 나라? · 134

64. 에디슨의 전구 발명 (1879년)
밤도 낮처럼 환하게? · 136

65. 제1차 세계 대전 (1914~1918년)
황태자를 쏜 사나이? · 138

66. 제1차 세계 대전과 탱크의 등장 (1916년경)
총알을 발사하는 차? · 140

67. 러시아의 10월 혁명 (1917년)
우리에게 빵을 달라? · 142

68. 제1차 세계 대전의 종결 (1918년)
여객선마저 폭발시킨 잠수함? · 144

69. 중국의 5·4 운동 (1919년)
우리 민족의 일은 우리가 결정한다? · 146

70. 세계 대공황 발생 (1929년)
버릴 물건은 있어도 사람이 쓸 물건은 없다? · 148

71. 간디의 독립 운동 (20세기 초)
간디는 왜 바다에 갔을까? · 150

72. 루스벨트의 뉴딜 정책 (1933년)
테네시 강가로 가면 부자가 된다? · 152

73. 마오쩌둥의 대장정 (1934년)
무엇을 위해 1만 킬로미터의 거리를 걸었을까? · 154

74. 제2차 세계 대전 (1939~1945년)
세계에서 가장 큰 전쟁? · 156

75. 히틀러의 유대 인 학살 (1940년대)
유대 인에겐 총알도 아깝다? · 158

76. 미국, 일본에 원자 폭탄 투하 (1945년)
하늘에서 떨어진 원자 폭탄? · 160

77. 국제 연합 창설 (1945년)
세계 평화를 위해 만난 두 사람? · 162

78. 중화 인민 공화국 건국 (1949년)
나 먹을 건 없어도 공산당을 살려야 해? · 164

79. 냉전 (1950~1980년대)
미국에 빨갱이가 많다고? · 166

80. 제3세계의 아시아 아프리카 회의 (1955년)
자본주의도, 공산주의도 싫어? · 168

81. 아폴로 11호의 달 착륙 (1969년)
지구 사람, 달나라에 가다? · 170

82. 석유 파동 발생 (1973년)
갑자기 석유값이 올라? · 172

83. 고르바초프의 페레스트로이카 (1985년)
공산주의 국가는 부자가 될 수 없어? · 174

84. 독일 통일 (1990년)
베를린 장벽을 부수다? · 176

85. 소련 해체 (1991년)
지구에서 없어진 소련? · 178

크로마뇽인의 동굴 벽화 (2만여 년 전)

1. 옛날 사람들은 왜 동굴에 그림을 그렸을까?

한 스페인 소녀가 아버지를 따라 탐험에 나섰어요. 5살 난 소녀와 아버지가 간 곳은 알타미라 동굴이었어요. 동굴 안은 컴컴했고 벽은 금방 무너져 내릴 것처럼 위험해 보였어요.

"아빠, 이제 그만 나가요. 무서워요."

"아빠가 뭐라고 그랬니? 너는 아직 어리니까 따라오면 안 된다고 하지 않던."

아버지와 소녀는 동굴에서 길을 잃었어요. 플래시를 비추어 보며 길을 찾던 소녀는 들소 한 마리를 보고 깜짝 놀랐어요.

"아빠, 저기 들소가 있어요!"

아버지는 그곳으로 다가가 보았어요. 동굴 벽에는 들소 그림이 그려져 있었답니다. 무사히 동굴을 나온 아버지는 고고학자들에게 이 사실을 알렸지요. 고고학자들이 조사해 보니 이 그림은 지금으로부터 2만여 년 전 사람들이 그려 놓은 것이었답니다. 2만 년 전 사람들은 왜 동굴에 이런 그림을 그려 놓았을까요?

지금으로부터 2만여 년 전 사람들이 동굴에 그림을 그리는 것은 하나의 종교적인 행위였어요. 그들은 어떤 사물과 연관된 그림을 그려 두면 그것이 실제로 나타난다고 믿었지요.

먼 옛날 지구는 빙하로 둘러싸여 추운 날씨가 계속되던 시기가 있었답니다. 그 시기에 사람들은 먹을 것을 쉽게 찾을 수 없었기 때문에 동물의 그림을 그려 사냥이 잘되기를 바랐던 것이지요.

그 시대에는 사람들의 수명이 30년 정도밖에 되지 않았기 때문에 그들이 알고 있는 지식을 온전하게 다음 세대에게 물려줄 수가 없었어요. 그런데 그들이 그려 놓은 동굴 벽화는 주변 환경에 대한 지식과 사냥을 하는 방법 등을 다음 세대에게 가르쳐 주는 역할을 했답니다.

그들의 그림 중에는 배를 타고 고기를 잡는 사람, 꿀을 모으는 장면, 춤을 추는 모습도 있었어요. 이런 그림을 통해서 그들이 살아가는 방식도 다음 세대에 이어 줄 수 있었지요.

그러한 동굴 벽화는 유럽의 300여 곳에서 발견되었어요. 처음에 프랑스 크로마뇽 지방에서 많이 발견되었기 때문에 우리는 이런 그림을 그려 놓은 사람들을 '크로마뇽인'이라고 부릅니다. 크로마뇽인들은 현재 살고 있는 인류의 직접적인 조상이 되었답니다.

농경 시작 (1만여 년 전)

2. 씨를 버리면 먹을 것이 많아져?

"이제 날씨도 풀렸으니 사냥을 하러 나가 볼까?"

동굴에 있던 가족들은 떼를 지어 나갔어요. 하지만 좀처럼 사냥감을 찾을 수 없었지요.

"엄마, 저 강가 옆에 있는 숲에 나무가 많이 자라요."

아들의 말에 가족은 숲으로 갔어요.

그들은 풀과 나무 열매를 배불리 먹고 저녁에 먹을 것까지 땄어요. 동굴로 돌아오는 길에 어머니는 그들이 먹고 남은 씨를 땅에 버렸어요.

그 뒤 가족은 계속 그 숲으로 먹을 것을 구하러 나갔어요.

그러던 어느 날, 씨를 버렸던 곳에서 새싹이 자라기 시작했어요.

"엄마, 이것 보세요. 풀이 없던 곳에서 풀이 자라요."

아들이 말하자 어머니는 흙을 파헤쳐 보았어요. 바로 어머니가 버렸던 씨앗에서 새싹이 돋아난 것입니다.

"먹고 남은 씨앗을 버리면 계속 새싹이 나오는구나. 앞으로는 먹을 것 걱정을 안 해도 되겠어."

그 뒤부터 가족은 흙 속에 씨를 묻고 농사를 짓기 시작했답니다. 농사는 가족의 생활을 크게 변화시켰어요. 과연 어떤 변화가 일어났을까요?

농사를 지으면서 사람들의 생활은 크게 변했어요. 사냥을 할 때는 먹을 것이 많이 있는 지역을 찾아 돌아다녔지만 농사를 지으면 곡식을 거두어들일 때까지 한곳에 머물러야 했어요.

동굴에 살던 사람들은 강가로 내려와 살았어요. 또 집이 필요했기 때문에 흙벽돌이나 지푸라기 등을 이용해서 움막을 지었어요. 이젠 동물도 산 채로 잡아 집에서 길렀어요. 그 동물이 새끼를 낳을 때까지 키우면 먹을 것이 더 많아진다는 사실을 알았기 때문이지요.

사람들은 점점 농사가 잘되는 땅으로 모여들어 마을을 이루게 되었어요. 여러 사람이 힘을 모아 농사를 짓다 보니 기술도 발전하고 생산량도 많아졌어요. 생활이 풍족해지니까 사람의 수도 점점 늘었어요.

이렇듯 사람들이 농사를 짓기 시작한 때는 돌을 용도에 맞게 갈아 쓰던 '신석기 시대'였어요. 그래서 농사를 짓기 시작하면서 일어난 이 모든 변화를 '신석기 혁명' 또는 '농업 혁명'이라고 한답니다.

계급 발생 (6000여 년 전)

3. 왕은 왜 생겨서 아빠를 괴롭히는 거예요?

"아이고, 허리야."

아버지는 몸을 제대로 가누지 못할 만큼 아팠어요. 어머니는 아버지의 허리를 찜질해 주었어요. 아버지의 허리는 새파랗게 멍이 들어 있었지요.

"아빠, 이게 어떻게 된 일이에요?"

곁에서 지켜보던 딸이 물었어요.

"왕의 무덤을 만들다가 잠깐 쓰러졌는데 관리하는 놈들이 때리더구나."

아버지는 시름시름 앓다가 잠이 들었어요.

"엄마, 왕의 무덤 만드는 일을 왜 아빠가 해야 하지요?"

"그야 왕이 시킨 일이니까 해야지."

"왕이 시킨 일이면 다 해야 하는 거예요? 그럼 아빠가 왕이 되어서 일을 안 시키면 되잖아요."

"왕은 하늘이 정해 준단다."

딸은 어머니의 말을 이해할 수가 없었어요.

"엄마, 왕은 왜 생겨서 아빠를 괴롭히는 거예요?"

사람들이 모여 농사를 짓게 되자 마을이 생겼어요. 해를 거듭하면서 사람들은 농사가 더 잘될 수 있는 방법을 하나씩 터득해 나갔어요. 그래서 농사에 필요한 쟁기나 낫 같은 도구를 만들었지요.

사람들은 또 식물이 물을 주어야 잘 자란다는 사실을 알게 되었어요. 그래서 농사짓는 땅으로 강물이 흐를 수 있도록 물길을 만들려고 했어요. 물길을 만드는 데는 많은 일꾼이 필요했답니다. 그래서 몇 개의 마을이 힘을 모아 물길을 만들고 그들의 땅에 공동으로 물을

주었지요. 이렇게 몇 개의 마을이 합쳐져서 '도시'가 생겼답니다.

물길을 만든 뒤 농사가 더욱 잘되어 사람들이 먹고 남을 만큼 먹을 것이 많아졌어요. 이제 사람들은 남은 식량과 농사지을 땅을 관리할 사람이 필요했어요. 사람들은 마을에서 가장 존경받는 사람에게 그 일을 맡겼답니다. 그 일을 맡은 사람은 남은 식량과 땅을 관리하기 위해 규칙을 정했어요. 그리고 사람들이 그 규칙을 지키도록 감시하는 관리자를 두고, 자신은 도시의 지도자가 되었지요.

그때까지 농사지을 땅을 찾지 못해 떠돌아다니던 부족들은 땅을 빼앗기 위해서 종종 도시로 쳐들어오곤 했답니다. 도시의 지도자는 다른 부족과 싸울 군대도 만들었어요. 이렇게 관리나 군대를 통해서 더욱 강해진 지도자는 비로소 왕의 되었지요.

수메르인의 문자 발명 (기원전 3300년경)

4. 글자는 어떻게 생기게 되었을까?

아주머니는 옆집 친구와 큰 나무 아래에서 만나 시장에 가기로 했어요.

그런데 한참을 기다려도 친구가 나타나지 않았어요. 아주머니는 할 수 없이 먼저 가기로 마음먹었어요.

'근데 친구가 늦게라도 오면 어떡하지?'

때마침 좋은 생각이 떠오른 아주머니는 벽에 자신의 얼굴을 그리고 그 옆에 발을 그렸어요.

"이렇게 표시해 두면 친구가 알 수 있을 거야."

그러고는 혼자 시장에 갔어요.

뒤늦게 온 친구는 벽에 그려진 그림을 보았어요. 하지만 도무지 그 뜻을 알 수 없었답니다.

만약 아주머니가 글자로 써 놓았다면 친구는 금방 뜻을 알아차렸을 거예요. 하지만 당시엔 글자가 없었기 때문에 그림을 그려 놓은 것이지요.

글자는 언제, 어떻게 생겨났을까요?

자, 영수증!

글자를 처음 발명한 사람은 기원전 3300년경 메소포타미아 지역에 살던 수메르인이랍니다. 오늘날 이라크가 있는 지역을 '메소포타미아'라고 해요. 수메르 사람들은 일찍부터 상업과 무역을 발달시켰어요. 그리고 장사할 때 필요한 영수증이나 계산서를 그림으로 그려 표시해 두었어요.

시간이 지날수록 그림은 좀 더 간편한 선으로 표현되었고 그것이 수메르인의 글자가 되었답니다. 수메르인의 글자는 송충이같이 생겼다고 해서 '쐐기 문자' 또는 '설형 문자'라고 해요.

기원전 3100년경 메소포타미아 가까이에 있던 이집트 사람들도 글자를 만들었어요. 그들 또한 수메르 사람들처럼 생활에 쓰이는 물건을 그림으로 그려서 표시했어요. 그 그림은 그대로 이집트의 글자가 되었어요. 이렇게 물건을 본뜬 그림 글자를 '상형 문자'라고 해요. 메소포타미아의 설형 문자와 이집트의 상형 문자는 뒷날 서양에서 만들어진 여러 가지 글자에 영향을 주었지요.

동양에서는 중국 황허 강 유역에 있었던 은나라에서 가장 먼저 글자가 발명되었어요. 기원전 1500년경 은나라에서는 제사를 지낼 때 동물의 뼈나 거북 등껍질을 불에 달구어 갈라진 금을 보고 미래를 점치는 풍습이 있었어요. 제사가 끝나면 동물의 뼈나 거북 등껍질 뒷면에 점괘 내용을 새겨 놓았어요. 이것을 '갑골 문자'라고 부른답니다.

바빌로니아의 천문학 발전 (기원전 3000년경)

5. '월화수목금토일'은 누가 만들었을까?

별을 좋아하는 청년이 있었어요. 매일 밤 별을 관찰하던 청년은 몇 개의 별들이 합쳐져 일정한 모양을 이룬다는 사실을 발견했어요.

"저 별은 큰 곰을 닮았네. 앞으로 저 별을 '큰곰자리'라고 부르면 되겠군."

청년은 별들이 이루는 모양에 따라 각각 이름을 붙였어요. 이렇게 천칭자리 사수자리 등 별자리 이름들이 생겨난 것이지요. 청년은 또 별들이 매일 밤 같은 시각에 제각각 일정하게 움직인다는 사실도 알게 되었어요.

그런데 어느 날, 큰곰자리 옆에 있던 별이 천칭자리 옆에 붙어 있었어요. 이상하게 여긴 청년은 옆집 친구를 찾아갔어요.

"내가 새로운 사실을 발견했다네. 하늘에 느슨하게 붙어서 아무 데나 돌아다니는 별이 있어. 자네 그거 알고 있나?"

청년은 천칭자리 옆에 붙어 있는 별을 가리키며 말했어요. 청년과 친구는 며칠 동안 함께 별을 관찰하면서 움직이는 별들을 찾기 시작했어요. 드디어 그들은 다섯 개의 별을 찾아냈어요.

그러고는 그 별들에 이름을 붙였어요. 화성, 수성, 목성, 금성, 토성, 해와 달을 포함한 이 별들의 이름이 요일이 되었답니다.

다섯 개의 별을 발견하고 처음으로 요일을 만든 사람들은 누구일까요?

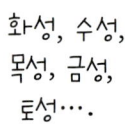

화성, 수성, 목성, 금성, 토성….

오늘은 '비너스' 신의 날이니 그 신에게 제사를 지내라.

별에 이름을 붙였던 그들은 바빌로니아 사람이랍니다. 바빌로니아는 기원전 3000년경 메소포타미아 지역에 있었던 나라예요.

바빌로니아 사람들은 태양과 달, 별 등을 신으로 섬겼어요. 그래서 하늘을 관찰하는 것을 매우 중요하게 여겼지요. 그들은 하늘을 가까이에서 볼 수 있도록 '바벨탑'이라는 높은 탑을 쌓았어요. 바벨탑 꼭대기에는 제사를 관장하는 사람이 살았어요. 그 사람은 하늘의 별을 보고 사람들의 운세를 점쳐 주기도 했답니다. 그 때문에 바빌로니아는 천문학과 점성술이 발달했지요.

그들은 자기 자리를 지키지 않고 돌아다니는 별 다섯 개에 머큐리(수성), 비너스(금성), 마르스(화성), 주피터(목성), 새턴(토성)과 같은 신의 이름을 붙였어요. 그리고 그 별이 보이는 날마다 각각의 신들에게 제사를 드렸어요. 마지막 날에는 해와 달에게 제물을 바쳤지요.

요일이 없었던 당시에는 제사 드리는 신의 이름으로 날을 헤아렸답니다. 지금까지 그 행성의 이름이 남아 월화수목금토일의 일주일이 되었지요.

예~!

이집트의 피라미드 건설 (기원전 2500년경)

6. 트럭만 한 돌덩이를 쌓아 만든 삼각산?

이집트 사람들은 나무판자로 썰매를 만든 뒤 그 위에 트럭 한 대만 한 돌덩이를 실었어요.

"영차, 영차!"

사람들은 힘을 모아 썰매를 밀었어요. 이런 방법으로 230만 개나 되는 돌을 서울에서 부산만큼 먼 거리까지 옮겼지요.

"저기가 비뚤어졌어. 다시 한 번 지렛대로 돌을 쌓아 보자고."

관리는 움직일 힘조차 없는 사람들을 회초리로 때려 가며 일을 시켰어요. 사람들은 관리가 시키는 대로 돌을 연결해 사각형을 만들고 그 위에 계속 돌을 쌓았어요.

드디어 230만 개의 돌을 꼭대기까지 쌓았더니 계단식으로 이루어진 삼각형 모양의 큰 산이 되었지요.

"우와, 정말 대단하군."

"아직 끝난 게 아니야. 저기 계단식으로 층이 져 있는 돌을 잘 깎아 봐."

힘이 다 빠진 사람들은 엉금엉금 기어 올라가 다시 일을 시작했어요.

이들은 뭘 만들고 있었던 걸까요?

이집트 사람들이 만든 건 다름 아닌 피라미드랍니다. 사실 피라미드는 '파라오', 다시 말해 이집트 왕의 무덤이지요.

이집트에선 사람이 죽으면 영혼은 일단 몸을 떠나지만 언젠가 다시 몸으로 돌아온다고 믿었어요. 그래서 영혼이 몸으로 돌아올 때를 대비해서 시체를 썩지 않게 보관하는 방법을 연구했어요. 거대한 피라미드를 세우고 그 안에 시체를 보관하면 안전하다고 생각했지요. 그래서 피라미드를 만들었답니다.

피라미드 곁에는 사람의 머리와 사자의 몸이 합쳐진 스핑크스의 동상을 세웠어요. 스핑크스는 이집트 사람들이 섬기는 신들 가운데 가장 힘이 센 신이었지요. 그래서 스핑크스를 세워 두면 다른 신이나 동물들로부터 파라오의 시체를 보호할 수 있다고 믿었던 거예요.

　이집트 사람들은 파라오가 죽으면 내장을 꺼낸 뒤 시체를 방부제 역할을 하는 식물의 즙에 담가 두었어요. 그런 다음 말린 시체에 풀을 바르고 천 조각을 둘둘 말아 피라미드 안쪽에 세워 두었지요. 이것을 '미라'라고 해요.

　미라 옆에는 파라오의 초상화를 그려 두어 영혼이 제대로 찾아올 수 있도록 했답니다. 또 파라오가 평소에 쓰던 물건들도 함께 넣어 두었지요. 이렇게 보관된 피라미드 안의 미라와 물건들은 수천 년이 지난 지금까지도 썩지 않고 보존되어 있습니다.

최초의 성문법, 함무라비 법전 (기원전 1750년경)

7. 옛날에도 법이 있었을까?

바빌로니아에 아버지, 어머니, 아들 이렇게 한 가족이 행복하게 살고 있었어요. 그러던 어느 날 밤, 가족이 모두 잠든 사이에 집 천장이 무너졌어요. 가족은 잠에서 깨 집 밖으로 나왔지요.

"아직 우리 아들이 나오지 못했어요!"

주변을 둘러보던 어머니는 깜짝 놀라 말했어요. 그러자 아버지는 아들을 구하기 위해 무너진 집 안으로 다시 들어갔어요. 아버지는 무너진 천장에 눌려 있는 아들을 발견했어요. 하지만 아들은 이미 죽어 있었어요.

"우리 애가 죽은 건 이 집을 지은 사람 때문이야. 그놈도 죽여야겠어."

아버지는 화가 나서 말했어요. 이웃 사람들은 부부를 위로했지요.

"폐하께 이 사실을 말씀드리는 것이 어떨까?"

아버지는 이웃 사람의 말에 귀가 솔깃했어요.

"폐하, 그 집을 지은 놈 때문에 우리 아들이 죽었습니다. 그놈에게 벌을 내려 주십시오."

이야기를 전해들은 왕은 고민에 빠졌답니다. 왕은 어떻게 했을까요?
옛날에도 이런 문제를 판결할 수 있는 법이 있었을까요?

옛날에는 사람들끼리 싸움이 일어나면 마을 지도자가 관습에 따라 판결을 내리곤 했답니다. 이렇게 관습에 따른 법을 '관습법'이라고 해요. 그러나 사회가 점점 복잡해지면서 사람들이 싸우는 이유는 점점 다양해졌어요. 그 가운데에는 관습으로 판결을 내릴 수 없는 일도 있었어요.

바빌로니아의 함무라비 왕은 옛날부터 내려오는 관습법들을 정리해 돌기둥에 새겨 두었어요. 이것이 세계에서 가장 오래된 '함무라비 법전'이지요.

함무라비 법전에는 결혼과 이혼에 대한 문제, 남에게 피해를 입히는 경우, 도둑질을 한 경우 등에 어떤 벌을 내려야 하는지에 대해서 낱낱이 적혀 있었어요. 함무라비 법전대로라면 집이 무너져 사람이 죽은 경우, 그 집을 지은 사람도 죽어야 했어요. 또 다른 사람의 눈을 뽑아 버린 경우, 그 사람도 눈을 뽑아 버리도록 했지요.

이렇게 함무라비 법전의 주된 내용은 피해를 본 사람이 피해를 준 사람에게 똑같이 복수하는 내용이었답니다.

인도의 카스트 제도 (기원전 1500년경)

8. 접촉해선 안 되는 사람?

어머니는 아이와 함께 시장에 갔어요. 물건을 고르는데 이상한 소리가 들리자 아이는 소리 나는 쪽을 돌아보았어요. 허름한 옷을 입은 사람들이 무거운 짐을 지고 걸어가면서 그릇을 두드렸어요.

마을 사람들은 수군거리며 모퉁이로 자리를 옮겨 길을 비켜 주었어요.

"애야, 빨리 이리 와."

어머니는 얼른 길옆으로 비켜섰어요. 하지만 아이는 그 자리에 서서 멀뚱멀뚱 쳐다보고만 있었어요.

그릇을 두드려 소리를 내던 사람들이 길을 지나가다가 아이의 몸을 스쳤어요.

"앞으로 저 소리가 나면 길을 비켜 멀리 서 있거라."

어머니가 아이의 옷을 털어 주며 말했어요.

"엄마, 왜 길을 비켜 주어야 해요?"

"그릇 소리를 내는 사람들과는 절대 몸이 닿아선 안 돼. 알았지?"

"엄마, 그 사람들이 누군데요?"

몸이 닿아선 안 되는 사람은 누구일까요?

천민들!

몸이 닿아선 안 되는 그 사람들은 '천민'이랍니다. 인도에는 신분을 엄격하게 나누는 '카스트 제도'가 있었답니다.

카스트 제도는 기원전 1500년경 초원을 떠돌던 백인들이 유럽에서 살다가 인도로 들어오면서 생긴 제도지요. 이들은 아리아 족이라고 부르는데, 아리아 족은 원래 인도에 살고 있었던 드라비다 족과 잘 어울리지 못했어요.

아리아 족은 자신들을 내쫓으려는 드라비다 족과 싸움을 벌여 이겼답니다. 그 뒤 아리아 족은 자신들을 높은 신분으로 정하고 드라비다 족을 차별하는 카스트 제도를 만들었지요.

카스트 제도는 모든 사람을 네 개의 신분으로 나눴어요. 가장 높은 신분을 '브라만'이라고 하고 이들은 신에게 제사 드리는 일을 맡았어요. 나라를 운영하는 귀족들은 '크샤트리아'라고 부르고, 농사를 짓는 사람들은 '바이샤'라고 합니다. 바이샤는 세금을 내서 일을 하지 않는 브라만과 크샤트리아를 먹여 살려야 했어요. 또 노예들을 '수드라'라고 부르는데 드라비다 족은 대부분 이 신분에 속하게 되었지요.

드라비다 족은 서로 다른 신분끼리는 결혼을 하지 못하게 했어요. 만약 그것을 어기고 결혼해서 아이를 낳으면 그 가족들도 천민과 똑같이 더럽게 여겼지요. 천민이 길을 걸을 때는 그릇 두드리는 소리를 내서 자기와 몸이 닿지 않도록 다른 사람들에게 알려야 했답니다.

스파르타의 군국주의 (기원전 1200년경)

9. 맞는 것도 교육이다?

그리스 지역의 도시 국가 가운데 '스파르타'라는 국가가 있었어요. 스파르타에서는 소년들을 학교 대신 군대에 보냈어요. 소년들은 군대에서 먹고 자면서 교육을 받았지요.

이른 아침 선생님이 소년들을 불러 세웠어요.

"엎드려라."

선생님의 말에 소년들은 눈을 꼭 감고 엎드렸어요. 그러자 선생님은 회초리로 한 소년을 때리기 시작했어요. 소년은 입을 앙다물고 아픔을 참았지만 회초리가 멈출 줄 모르자 끝내 비명을 질렀어요. 그래도 선생님은 회초리를 멈추지 않았어요. 소년은 기절하고 말았지요.

"맞는 것도 교육이다. 너희들은 참는 법을 배워야 해. 그래야 전쟁에 나가서 이길 수 있는 군인이 되는 거다."

선생님은 줄 서 있는 소년들의 이름을 한 명씩 불러 가면서 모두 때렸어요.

선생님은 왜 이런 무서운 교육을 했을까요?

그리스 북쪽의 여러 부족이 그리스 지역으로 내려와 각각 작은 도시를 세웠어요. 이러한 도시들을 '도시 국가' 또는 '폴리스'라고 하는데 그리스 지역에 200개쯤 있었지요. 그 가운데 '도리아' 민족이 세운 폴리스를 '스파르타'라고 하지요. 스파르타는 강한 군사력을 키우는 것을 가장 중요하게 여겼답니다. 그런 국가를 '군국주의' 국가라고 하지요.

스파르타는 원래 그 지역에 살고 있던 사람들을 노예로 삼고 도리아 사람들만 시민이 되었어요. 노예의 숫자는 도리아 시민들보다 70배가량 많았지요. 국가에서는 이렇게 많은 노예를 다스리기 위해 강인한 군사력이 필요했어요. 그래서 스파르타는 시민들을 엄격하게 키

워 모두 군인으로 만들었답니다.

스파르타 시민들은 아기를 낳자마자 건강 검진을 받았고 건강하지 않은 아기는 산속이나 동굴에 버렸어요. 건강하게 자란 아이는 7살이 되면 군대에 들어가서 매우 엄한 교육을 받아야 했지요. 소년들은 나라를 위해 목숨을 버릴 수 있는 정신 교육을 받았고 대부분의 시간을 격투 훈련을 하며 지냈지요.

그들의 교육 내용 가운데에는 음식을 적게 먹는 방법, 남의 물건을 훔치는 방법도 있었어요. 전쟁터에서 살아남기 위한 훈련이었지요. 엄격한 교육이 끝나도 그들은 60살까지 군인으로 살아야 했답니다.

아테네의 선거 (기원전 550년경)

10. 우리의 지도자는 우리 손으로?

"5일 뒤에 회의를 엽니다. 모두 회의에 참석하세요!"

국가의 일을 알리는 청년이 골목마다 소리치며 다녔어요. 마을 사람들은 이번에 치러질 회의에 대해 이야기를 나누었지요.

"이번 회의에서는 나라의 지도자를 뽑는 선거를 한다는군."

"누가 후보자로 나올까?"

마을 사람들의 관심은 선거에 모아졌어요.

5일이 지난 뒤 마을 사람들은 광장에 모였어요.

"신에게 제사를 드리겠습니다."

사회자는 사람들이 모인 광장 한가운데로 나와 말했어요. 사람들은 그 자리에서 돼지를 잡아 제물로 바치고 제사를 드렸어요. 그런 다음 후보자들이 차례대로 연단 위에 올라와 연설을 했어요.

"자, 그럼 이제부터 선거를 시작합시다."

연설이 끝나자 사회자는 등록된 후보자의 이름을 차례차례 불렀어요.

시민들은 자신이 찬성하는 후보자의 이름이 불릴 때 손을 들어 보였어요. 기록하는 사람은 손을 든 사람들의 숫자를 부지런히 세어 기록했어요.

가장 많은 숫자가 기록된 사람이 이번 해의 지도자로 뽑혔답니다.

기원전 550년경, 선거가 처음 시작된 이 나라는 어디일까요?

선거를 처음 시작한 국가는 그리스 지역의 '아테네'라는 도시 국가입니다. 아테네도 처음에는 전쟁에서 용맹스럽게 싸워 이름을 날린 몇몇 사람들이 정치를 했어요. 그러나 이들 가운데에는 혼자 국가를 지배하려는 사람들이 있었어요. 그런 사람들을 '참주'라고 하지요. 시민들은 참주에 반발했어요.

그러던 중 '클레이스테네스'라는 지도자가 나타났는데, 그는 시민의 뜻에 따라서 정치를 해야 한다고 생각했어요. 그래서 시민들이 정치에 참여할 수 있도록 평등한 정치권을 주었답니다.

클레이스테네스는 제비뽑기로 뽑힌 시민 500명에게 필요하다고 생각하는 법을 적어 내도록 했어요. 또 그렇게 모아진 법안 가운데 알맞은 것을 골라 법을 만드는 '민회'라는 기관을 만들었어요. 민회의 구성원들은 아테네 시민들이 선거를 통해 뽑았답니다. 하지만 여자와 외국인, 노예는 선거에 참여할 수 없었답니다.

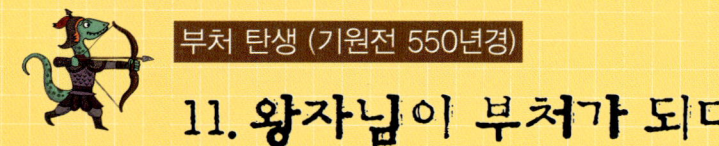

부처 탄생 (기원전 550년경)

11. 왕자님이 부처가 되다니?

인도 샤키아 족의 작은 나라에 왕자가 태어났어요. 왕자는 좋은 음식들로 가득한 궁전에서 부족할 것 없이 자랐어요.

그러던 어느 날 왕자는 마차를 타고 소풍을 나갔어요. 왕자는 길거리에서 구걸하고 있는 거지를 보았어요.

"저 사람은 뭘 하는 거죠?"

"가난해서 먹을 것을 구하는 중입니다."

말을 몰고 있던 마부가 대답했어요. 가난을 몰랐던 왕자는 이해가 되지 않아 고개를 갸우뚱했어요.

이번엔 땡볕 아래서 힘들게 일하고 있는 농부를 보았어요.

"저 사람은 왜 고통스러워하지요?"

"늙어서 병든 노인이랍니다."

"사람은 왜 늙고 병드는 걸까요?"

왕자는 궁금했지만 아무도 대답해 주지 못했어요. 그 해답을 찾기 위해 왕자는 밤에 몰래 왕궁을 빠져 나갔어요. 뒷날 왕자는 부처가 되었답니다.

왕자는 어떻게 부처가 되었을까요?

왕자의 이름은 '고타마 싯다르타'예요. 그는 왕궁의 풍족한 생활을 버리고 세상을 떠돌아다녔어요. 그리고 사람이 태어나서 늙고, 병들고, 죽는 고통을 겪는다는 사실을 알게 되었어요. 하지만 '어떻게 고통에서 벗어날 수 있는지'에 대한 해답을 찾지 못했어요. 왕자는 보리수나무 아래에 앉아 오랫동안 밥도 안 먹고 생각에 잠겼답니다.

집을 나온 지 7년 만에 왕자는 드디어 깨달음을 얻었어요. 그래서 왕자를 '붓다' 또는

'부처'라고 부르는데 이는 '깨달은 사람'이라는 뜻이지요.

붓다는 사람이 태어나서 늙고 병들고 죽는 고통을 겪는 것이 욕심 때문이라고 생각했어요. 그리고 욕심을 버리고 도를 닦으면 마음의 평화를 얻는다는 것을 깨달았답니다. 그 뒤 붓다는 인도와 미얀마 지역을 다니며 자신의 깨달음을 알렸지요.

당시 인도 지역은 카스트 제도에 의해 엄격히 신분이 구분되었던 사회였어요. 붓다는 다른 사람들의 세금으로 살아가는 브라만 신분을 비판했어요. 또 낮은 신분의 사람들도 깨달음을 얻을 수 있다고 말했어요. 이렇게 모든 사람이 평등하다고 주장하자 노예와 농민들은 붓다를 따랐지요.

붓다가 죽은 뒤 그의 깨달음은 제자들에 의해 '불교'라는 종교가 되었어요. 불교는 아시아 지역으로 전해져 지금까지도 많은 사람이 따르고 있지요.

중국의 유교 성립, 공자 (기원전 552~479년)

12. 제자가 3천 명이나 되는 선생님?

중국에 세상을 평화롭게 하는 방법에 대해 고민하는 사람이 있었어요. 그의 이름은 공구, 우리가 흔히 '공자'라고 부르는 사람이지요. 그는 늘 나랏일과 세상을 걱정했답니다.

공자는 덕망이 있다고 소문난 '노자'라는 노인을 찾아갔어요.

"선생님, 지금 세상은 어지럽습니다. 세상을 바로잡기 위해선 도덕이 필요해요. 그런데 사람들이 이를 잘 받아들이려 하지 않으니 어떻게 해야 하지요?"

공자가 묻자 노자는 웃었어요.

"허허, 네가 세상을 바로잡으려고 한단 말이냐? 어림없는 생각이지. 그 지나친 욕심을 버리면 세상은 저절로 평화로워질 것이다."

노자는 공자를 꾸짖었지만 공자는 노자의 참뜻을 알 수 없었어요.

'내가 직접 나서 보자.'

공자는 이렇게 마음먹고 세상을 돌아다녔어요. 하지만 세상을 바로잡는 일이 혼자 힘으로 되지 않는다는 사실을 깨달았어요. 비로소 노자의 가르침을 깨달았던 것이지요.

공자는 자신의 깨달음을 《시경》《서경》《춘추》라는 책으로 펴내고 사람들을 가르쳤어요. 공자에게 배우기 위해 모인 제자들은 3천 명에 이르렀답니다.
공자는 3천 명이나 되는 제자들에게 무엇을 가르치려 했을까요?

공자가 살던 시절, 중국 지역은 200여 개의 나라로 나뉘어 서로 다투었어요. 이런 어지러운 시기를 '춘추 전국 시대'라고 해요. 춘추 전국 시대에는 많은 학자들이 싸우는 방법과 정치하는 방법을 연구했어요. 그 가운데 어지러운 세상을 바로잡으려는 학자들이 많이 생겼는데 그런 사람들을 '제자백가'라고 하지요. 공자도 제자백가 가운데 한 사람이었답니다.
공자는 '인(仁)'이라는 사상을 제자들에게 가르쳤어요. 인이란 효도, 예절, 공손함, 충성, 믿음 등 여러 가지 도덕을 포함하는 말이지요. 공자는 사람이 원래 착하고 올바른 마음을 가지고 태어난다고 생각했어요. 모든 사람이 태어날 때부터 지녔던 착한 마음을 유지한다면 세상은 평화로워진다고 믿었지요.
많은 제자들은 공자의 깨달음을 따랐어요. 공자의 가르침은 제자들에 의해 '유교'라는 사상을 이루었어요. 유교 사상은 아시아 지역에 퍼져서 사회 각 분야에 영향을 주었답니다.

페르시아 전쟁 (기원전 492~479년)

13. 전쟁 때문에 마라톤이 생겼다고?

그리스 아테네의 마라톤 지역에 페르시아 군대가 쳐들어왔어요.

"여러분, 페르시아 군대를 쫓아내지 않으면 마라톤은 페르시아의 땅이 됩니다. 나가서 싸웁시다!"

청년들은 아테네 장군의 연설을 듣고 용기를 냈어요. 그러나 막상 마라톤에 도착한 아테네 병사들은 페르시아의 어마어마한 군대와 무기를 보고 겁을 먹었답니다. 곰곰이 생각한 끝에 아테네 군대는 골짜기에 숨었다가 갑작스런 공격을 펼쳤어요.

페르시아 군대는 아테네 군대의 공격을 당해 낼 재간이 없었지요. 전쟁은 아테네의 승리였어요. 하지만 아테네 병사들은 기운을 잃고 쓰러졌어요. 이때 한 병사가 가까스로 몸을 일으켜 아테네를 향해 달렸어요.

"우리 아테네가 전쟁에서 승리했소."

먼 길을 달려온 병사는 이 말을 남긴 채 쓰러졌어요. 아테네에서는 지금도 이 병사가 달려온 먼 길을 마라톤 코스로 정해 기념하고 있답니다.

이 전쟁이 무슨 의미가 있기에 아직까지 기념하고 있을까요?

페르시아는 지금의 이란, 이라크가 있는 메소포타미아 지역에 있는 나라였어요. 페르시아에선 왕이 백성을 다스리며 정치를 했어요. 이것을 '전제 정치'라고 해요. 그러나 아테네는 시민이 국가의 일을 결정하고 정치에 참여하는 민주 정치를 했어요. 그렇게 아테네와 페르시아는 많이 달랐지요.

그때 페르시아는 이웃 나라들을 하나씩 정복해 메소포타미아 지역을 통일했어요. 그러고는 멀리 인도의 인더스 강 부근까지 땅을 넓혔어요. 대제국을 이룬 페르시아는 그리스 지역마저 정복하려 했어요.

마침내 페르시아의 침입으로 전쟁이 일어났어요. 이 전쟁을 '페르시아 전쟁'이라고 하지요. 그리스 지역의 몇몇 도시 국가들은 아테네를 중심으로 힘을 모아 페르시아를 막아 냈어요. 특히 마라톤 전투에서의 승리는 페르시아 전쟁을 그리스의 승리로 결정짓는 데 중요한 역할을 했지요.

페르시아 전쟁은 페르시아의 전제 정치와 아테네의 민주 정치가 싸웠다는 데 의미가 있어요. 아테네는 이 전쟁에서 승리함으로써 페르시아와는 다른 그리스 문화를 유지할 수 있었지요. 그 뒤로도 유럽 지역은 오랫동안 민주 정치가 이루어질 수 있었답니다.

그래서 후세 사람들은 마라톤 전투를 기념해 마라톤 경기를 만들고, 올림픽 때마다 마라톤 경기를 하지요.

우리가 페르시아를 이…겼… 다…. 으~ 윽!

그게 정말이냐?

아테네의 철학자, 소크라테스 (기원전 470~399년)

14. 나쁜 법도 지켜야 한다고?

날마다 아테네의 아고라 광장에 나와 사람들과 이야기를 나누는 남자가 있었어요. 그는 '소크라테스'라는 사람이었지요.

"당신은 어떻게 살아야 바르게 산다고 생각하죠?"

광장을 지나던 사람들은 소크라테스와 토론을 했어요. 소크라테스는 점점 유명해지고 많은 청년들이 그를 따랐어요. 그러나 소크라테스를 싫어하는 사람도 많았답니다.

"선생의 생각은 진리가 아니야. 세상에 진리는 없어."

"당신은 그리스의 신들을 비방하고 청년들을 타락시키고 있어."

소크라테스를 미워한 사람들은 그를 고발했어요. 결국 소크라테스는 끌려가서 재판을 받았어요.

"소크라테스, 당신을 사형에 처하겠소."

재판관이 판결을 내리자 제자들은 감옥에 갇혀 있는 소크라테스를 찾아갔어요.

"선생님, 간수들을 돈으로 매수해 놨으니 빨리 도망치시지요."

"나쁜 법도 법이니까 지켜야 해."

소크라테스는 죄가 없다고 생각했지만 독약을 마셨어요.
소크라테스는 어떤 사람이기에 사형을 당했을까요?

소크라테스는 아테네의 철학자였어요. 당시 아테네에서는 선거나 연설을 할 기회가 많았어요. 그런 습관 때문에 아테네 사람들은 사물에 대해 깊이 있게 생각하는 '철학'이라는 학문을 발달시켰지요.

처음에 나타난 철학자들은 자연에 관심을 가졌어요. 그러나 소크라테스는 철학의 관심을 인간과 사회 제도까지 넓혀 놓았어요.

철학자들은 서로 생각이 달라 싸우기도 했어요. 특히 인간의 필요에 따라서 진리가 달라진다고 주장하는 철학자들이 있었는데, 그들을 '소피스트'라고 해요. 소크라테스는 소피스트와 달리 절대적인 진리가 있다고 주장했고, 소피스트들의 생각에 반대해 일부 비합리적인 정치 제도에 대해 비판했어요.

소크라테스가 여러 문제를 끄집어내자 소피스트와 관리들은 그를 위험한 인물로 생각했어요. 그래서 사형을 시켰던 거지요. 그러나 소크라테스가 죽은 뒤에도 '플라톤' 같은 제자들이 소크라테스의 철학을 이어 나갔답니다.

진시황제의 분서갱유 (기원전 212년)

15. 황제가 책을 태웠다는데?

깊은 밤, 가족이 곤히 잠을 자고 있는데 밖에서 부스럭거리는 소리가 났어요. 가족은 잠에서 깨어 나가 보았어요. 수상한 사람들이 집 안을 온통 뒤지며 난장판을 만들어 놓았어요.

"당신들 뭐 하는 거요?"

"이 집에 책이 있다는 소리를 들었소. 당장 책을 내놓으시오."

관리인 듯 보이는 한 남자가 말했어요.

"책이라뇨?"

"황제께서 책을 모두 거두어들이라고 했소."

남편은 아무 소리도 못하고 책을 빼앗겼어요.

아침이 되자 마을 어귀마다 불길이 활활 타올랐어요.

"아니, 이게 무슨 난리람."

마을 사람들은 깜짝 놀라 수군거렸어요.

"황제께서 책을 모두 불태워 버리라고 했답니다."

황제는 도대체 왜 책을 불태웠을까요?

여러 개의 나라로 나뉘어 있던 중국의 춘추 전국 시대를 통일하고 '진나라'가 세워졌어요. 통일을 이룬 뒤 진나라의 황제가 된 사람이 바로 '진시황제'였지요.

진시황제는 진나라를 새로운 것들로 채우고 싶어 했어요. 그래서 옛날부터 있던 건물들과 백성들 사이에 전해 내려오는 습관을 없애 버리려고 했어요. 옛날부터 내려오던 책들을 모아 불태워 버렸던 것도 그런 이유 때문이지요.

진시황제는 강력한 왕이 없으면 춘추 전국 시대처럼 나라가 나뉘어 서로 싸우고 혼란이 계속될 거라고 생각했어요. 그래서 새롭게 통일한 진나라에서는 왕의 권한을 막강하게 만들기 위해 노력했어요.

진시황제는 나라 곳곳에 살고 있는 500명가량의 학자들을 잡아들여 산 채로 땅에 묻는 잔인한 일도 서슴없이 벌였답니다. 학자들이 황제를 비판하거나 나라 정치의 옳고 그름에 대해 이야기하면 황제의 권한이 약해진다고 생각했기 때문이지요. 이렇게 책을 불태우고 학자를 죽인 사건을 '분서갱유'라고 해요.

하지만 진시황제는 통일된 나라의 모습을 갖추기 위해 여러 가지 업적도 남겼답니다. 한자를 간단하게 만들어 문자를 통일시켰고, 지방마다 다른 화폐를 쓰던 것을 하나의 돈으로 통일했어요. 또 도로를 만들어 지방과 수도를 연결시켰던 일도 진시황제의 업적이랍니다.

스파르타쿠스의 봉기 (기원전 73~71년)

16. 칼싸움을 오락으로 여겼으니 반란이 일어났지

로마의 원형 극장에선 칼날이 부딪치는 소리가 쩌렁쩌렁 울렸어요. 관중석에는 칼싸움을 응원하는 사람들로 가득했어요. '스파르타쿠스'라는 선수가 상대 선수에게 긴 칼을 들이댔어요. 스파르타쿠스는 머뭇거렸어요.

"뭐 하는 거야! 빨리 찔러!"

응원하던 관중들은 소리를 질렀어요. 스파르타쿠스는 하는 수 없이 상대 선수의 가슴에 칼을 꽂았어요.

"이 세상에서 검투만큼 재미있는 건 없을 거야."

검투가 끝나자 사람들은 한마디씩 했어요. 검투란 두 사람에게 칼싸움을 시켜 놓고 그것을 관람하는 경기로, 로마에서 가장 인기가 좋은 오락이었지요. 스파르타쿠스는 동료들의 축하 인사를 받아도 어쩐지 기분이 좋지 않았어요.

"여러분, 우리끼리 이렇게 싸우다가 죽을 바에야 우리를 못살게 하는 저 로마 귀족들에게 칼을 겨눕시다."

스파르타쿠스는 왜 이런 말을 했을까요?

로마는 다른 나라를 정복하면 그 나라 사람들을 잡아 와 노예로 삼고 일을 시켰어요. 노예들은 '라티푼디움'이라는 큰 농장에서 농사를 지었고 광산에서 은을 캐거나 요리사, 의사가 되기도 했어요. 또한 로마 사람들은 체격이 좋은 노예를 골라 검투를 시켜 노예가 죽는 것을 보며 즐기기도 했어요. 스파르타쿠스를 비롯한 검투사들은 모두 노예였던 거예요.

로마 사람들은 노예를 사람이 아닌 도구쯤으로 생각했답니다. 채찍으로 때리는 것은 예사였고 손과 발에 족쇄를 채워 두기도 했어요. 또 노예에게 값을 매겨 사고 팔기도 했지요.

스파르타쿠스는 로마 사람들이 노예를 괴롭히는 것을 참지 못했어요. 그래서 다른 검투사들을 설득해 반란을 일으켰던 거지요.

이 소식이 전해지자 마을에 살던 노예와 가난에 허덕이던 농민들도 스파르타쿠스를 따라나섰어요.

스파르타쿠스를 따른 노예와 농민들은 로마 군대와 싸움을 벌였어요. 그러나 그들은 죽임을 당했고 스파르타쿠스의 반란은 실패했지요. 이 사건을 '스파르타쿠스의 봉기'라고 한답니다.

악티움 해전 (기원전 31년)

17. 예쁜 여자 때문에 일어난 전쟁?

로마의 지배자였던 안토니우스는 이집트의 여왕 클레오파트라를 만나기로 했어요. 안토니우스는 설레는 마음으로 서둘러 약속 장소에 나왔어요. 이윽고 클레오파트라가 배 위로 올라왔어요.

"별빛을 받은 당신은 옛날보다 더 아름답군."

안토니우스가 말했어요.

그들은 이야기를 나누며 즐겁게 저녁 식사를 했어요.

그러던 중 클레오파트라는 차고 있던 진주 귀고리를 풀어 안토니우스의 음식 접시에 넣었어요.

안토니우스는 식사를 멈추고 음식 접시를 봤어요. 접시에 담긴 진주 귀고리는 차츰 음식에 녹아들었어요. 음식에 산성 성분인 식초가 많이 들어가 진주를 녹였던 거예요.

"그 귀고리는 우리 왕실에 전해 내려오는 귀한 물건이랍니다. 당신께 드리지요."

그 뒤 안토니우스와 클레오파트라는 깊은 사랑에 빠졌답니다. 안토니우스는 로마의 일을 까맣게 잊고 클레오파트라와 함께 이집트에 머물렀지요. 이 때문에 전쟁이 일어났답니다.

어떤 전쟁일까요?

아름다운 클레오파트라 때문에 일어난 전쟁은 로마와 이집트가 벌인 악티움 해전이랍니다. 이때의 로마는 세 사람의 지배자가 나라를 함께 다스리는 '삼두 정치'를 했어요. 그러다가 카이사르가 죽자 안토니우스와 옥타비아누스는 로마의 공동 지배자가 됐지요. 그러나 안토니우스는 이집트 여왕 클레오파트라와 사랑에 빠져 로마 일은 안중에도 없었어요.

화가 난 옥타비아누스는 이집트를 공격했어요. 안토니우스는 클레오파트라를 위해 이집트 편이 되어 동료였던 옥타비아누스와 싸움을 벌였지요. 하지만 전쟁은 로마의 승리로 끝났고 로마는 이집트를 정복했어요.

또한 로마의 지배자로 혼자 남게 된 옥타비아누스는 '아우구스투스'라고 불리며 황제가 되었어요. 이렇게 황제가 나라를 다스리는 정치를 '제정'이라고 하고 그런 나라를 '제국'이라고 부르지요. 이때부터 로마는 여러 사람이 함께 정치를 하던 '공화정' 대신 '제정'을 하게 되었답니다.

예수 탄생 (1년)

18. 마구간에서 태어난 유명한 아기?

서남아시아 요르단 지방에서 힘겹게 길을 걷던 부부가 있었어요. 아내 마리아는 아기를 가져 배가 불러 있었지요. 남편 요셉은 초라한 집 대문을 두드렸어요.

"하룻밤만 신세를 질 수 없을까요?"

"빈방이 없어요. 마구간이라도 좋다면 거기서 머무시지요."

마구간으로 들어간 요셉은 바닥에 담요를 깔고 마리아를 눕혔어요. 갑자기 마리아는 요셉의 옷자락을 꽉 쥐었어요.

"배가 아파요. 아기가 나오려나 봐요."

"여보, 조금만 참아요."

요셉은 집주인에게 이 사실을 알렸어요. 아내는 집주인의 도움을 받아 아기를 낳았답니다.

"아들이에요."

마리아는 기쁨의 눈물을 글썽거렸어요. 이렇게 태어난 아기가 바로 '예수'랍니다.

그럼 어떻게 해서 예수를 섬기는 기독교가 생겼을까요?

기독교는 이스라엘 지방의 예루살렘에서 시작된 종교랍니다. 그 지역은 기원전 200년경부터 유대 민족이 살고 있었어요. 유대 민족은 하느님이 구세주를 보내 어려움에 빠진 자신들을 구해 줄 거라고 믿었어요. 유대 민족은 자신들을 신이 선택한 민족이라고 생각했지요. 그러한 유대 인의 종교를 '유대교'라고 한답니다.

예수가 태어날 당시 예루살렘은 로마의 지배를 받고 있었어요. 로마 인과 유대의 귀족들은 예루살렘에 사는 가난한 사람들을 괴롭혔지요. 예수는 불쌍한 예루살렘 사람들에게 하느님 나라가 가까웠으니 하느님을 믿으라고 했어요. 가난에 찌들고 병들어 있던 사람들은 예수를 따랐어요.

그러나 부유한 유대의 귀족들과 유대교의 지도자들은 예수를 싫어했답니다. 예수가 믿음을 가진 사람이라면 누구나 하느님이 구해 준다고 말했기 때문이에요. 그것은 유대 인만 구해 줄 거라고 믿는 유대교와 대립되는 내용이었지요.

그러한 이유로 예수는 유대 귀족들에게 모함을 받아 죽임을 당했어요. 그러나 제자들은 계속 예수를 구세주로 받들고 그의 가르침을 '기독교'라는 종교로 만들었어요. 유대 인은 더욱 반발해 기독교를 믿는 사람들을 예루살렘에서 쫓아냈어요.

기독교를 믿는 사람들은 이탈리아 지역의 로마로 가서 계속 기독교를 알렸답니다.

채륜의 종이 발명 (105년)

19. 종이가 없었을 땐 글씨를 어디에 썼지?

옛날 중국에 '혜시'라는 사람이 살았어요. 혜시는 중국 곳곳을 돌아다니며 보고 들은 것을 글로 썼어요.

어느 날, 혜시는 더 많은 공부를 하기 위해 인도로 떠나기로 마음먹었어요.

"오랫동안 집을 비울 터이니 짐을 좀 싸 두도록 해라. 다른 짐은 간단히 하고 내가 쓴 글들만 빠짐없이 챙겨라."

혜시의 말대로 하인들은 짐을 싸기 시작했어요.

"여봐라, 짐은 다 싸 두었느냐?"

혜시는 떠날 채비를 하고 나와 하인들을 불렀어요. 그때 하인 10여 명이 한 보따리씩 등짐을 지고 나왔어요.

"어떻게 된 일이냐? 짐을 간단히 싸라고 하지 않았더냐?"

"선생님이 평소에 쓰던 글들만 챙겼는데, 이렇게 많습니다."

"하는 수 없군. 그 짐들을 모두 수레에 실어라."

하인들은 차곡차곡 짐을 수레에 실었어요. 혜시의 짐은 다섯 수레나 되었답니다. 혼자 길을 떠나려 했던 혜시는 결국 하인들과 함께 갈 수밖에 없었지요.

사실 혜시가 쓴 글은 책 몇 권 분량밖에 되지 않았답니다. 그런데 당시에는 종이가 없어 다른 곳에 글을 적었기 때문에 짐이 많았던 거지요.

종이가 없을 땐 글씨를 어디에 썼을까요?

종이가 없었을 땐 각 지역에서 많이 나는 물건을 종이 대신 썼어요. 수메르 사람들은 진흙판 위에 글씨를 썼고, 이집트 사람들은 '파피루스'라는 갈대에 글씨를 썼어요. 파피루스는 부드러웠기 때문에 다양한 모양의 상형 문자를 쓰는 데 알맞았답니다.

중국 사람들은 처음에 양, 소 같은 짐승의 뼈나 거북의 등껍질에 글씨를 새겼어요. 그러다가 대나무 줄기를 쪼개서 그 위에 글씨를 쓰고 그것을 끈으로 엮었어요. 혜시가 인도에 갈 때 가지고 갔던 글은 이렇게 대나무에 쓰였기 때문에 분량이 많았던 거지요. 부자들은 값비싼 비단을 종이 대신 쓰기도 했어요.

그 뒤에는 양이나 소의 가죽에 글씨를 썼답니다. 가죽의 안쪽을 씻어 내고 그것을 문질러 반듯하게 펴면 종이처럼 얇아진답니다. 이것을 '양피지'라고 하는데 주로 서양에서 썼어요.

지금 우리가 쓰고 있는 종이를 발명한 사람은 105년 중국 한나라에 살았던 '채륜'이랍니다.

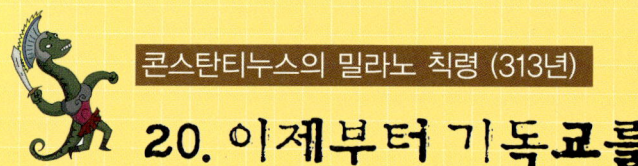

콘스탄티누스의 밀라노 칙령 (313년)

20. 이제부터 기독교를 믿어도 된다고?

로마 황제 자리를 놓고 막센티우스와 전쟁을 앞둔 콘스탄티누스는 잠이 오지 않았어요. 콘스탄티누스는 창가로 나와 하늘에 떠 있는 보름달을 보았어요. 그런데 그 옆으로 십자가가 보였답니다.

"이상하군. 십자가라니?"

밤늦게 잠이 든 콘스탄티누스는 이상한 꿈을 꾸었어요.

"십자가에 군기를 걸고 싸워라. 그러면 승리하리라."

꿈속에서 쩌렁쩌렁한 하느님의 목소리가 들렸어요. 눈을 비비고 잠에서 깨어난 콘스탄티누스는 의아한 생각이 들었어요. 하지만 막센티우스와의 싸움이 있었기에 서둘러 준비를 했어요.

"어머니, 이 싸움에서 이기면 기독교인이 되겠어요."

신발 끈을 묶고 집을 나서던 콘스탄티누스가 어머니에게 말했어요. 그러고는 방패에 십자가를 그려 넣고 싸움을 했답니다. 싸움은 콘스탄티누스의 승리로 끝났어요. 황제가 된 콘스탄티누스는 기독교를 따랐을까요?

로마 사람들은 여러 가지 방법으로 기독교를 믿는 사람들을 괴롭혔어요. 기독교는 로마 사람들이 믿어 왔던 여러 신을 따르지 않았기 때문이지요.

그런데 콘스탄티누스는 황제가 된 뒤 기독교를 따랐답니다. 그리고 기독교 신자를 죽여 왔던 로마에 종교의 자유를 주었지요. 콘스탄티누스는 기독교를 믿어도 된다는 내용을 문서로 써서 발표했어요. 313년에 발표된 이 문서를 '밀라노 칙령'이라고 하지요.

하지만 기독교의 내용을 둘러싸고 신자들은 논쟁과 혼란을 거듭했어요. 그러자 콘스탄티누스는 기독교 신자들을 니케아 지방에 모아 놓고 회의를 했어요. 이것이 바로 '니케아 종

교회의'지요.

기독교의 내용이 정해지자 콘스탄티누스는 로마의 수도를 이탈리아 지역에서 터키 지방에 있는 이스탄불로 옮기고 그곳을 '콘스탄티노플'이라고 이름 지었답니다. 그동안의 수도였던 로마 지역에는 다른 신을 믿는 풍습이 남아 있기 때문에 수도를 옮긴 거지요. 콘스탄티노플엔 많은 교회가 세워져 기독교 문화를 꽃피울 수 있었어요.

밀라노 칙령으로 기독교 사상은 빠른 속도로 퍼져 나갔어요. 391년 테오도시우스 황제에 이르러 로마는 기독교를 국가의 종교로 삼고 다른 종교를 갖거나 제사 지내는 것을 금지시켰답니다.

서로마 멸망 (476년)

21. 굴러 온 돌이 박힌 돌을 뽑았다?

로마 북쪽에 살던 훈 족이 로마에 쳐들어왔어요. 로마 군대는 훈 족을 막아 내기 위해 안간힘을 썼어요. 하지만 로마 군대의 숫자는 턱없이 부족해 훈 족을 막을 길이 없었어요.

'허허, 나약한 로마 군대를 어떡하면 좋단 말인가……'

로마 황제는 고민에 빠졌어요.

"용감하기로 유명한 게르만 민족의 오도아케르 장군을 로마 군대의 사령관으로 임명하는 것이 어떨까요?"

게르만 민족은 로마 동쪽에 살던 민족이랍니다. 황제는 썩 내키지 않았지만 뾰족한 수가 없었기 때문에 신하의 말을 따르기로 했어요.

다음 날부터 오도아케르는 사령관이 되어 로마 군대를 훈련시켰어요. 그는 약해진 로마 군대를 보고 깜짝 놀랐어요.

"로마군도 이제 예전 같지 않아. 힘이 없어졌군."

오도아케르는 로마의 황제가 되고 싶었어요. 그래서 게르만 군대를 이끌고 로마 황제를 공격했어요. 로마 병사들은 오도아케르의 공격을 막지 못했답니다. 476년 오도아케르는 로마 황제를 내쫓았어요. 결국 로마는 게르만 민족에 의해 멸망한 것이지요. 로마는 왜 이렇게 힘이 약해졌을까요?

로마가 힘이 약해진 가장 큰 이유는 로마 제국이 동서로 갈라진 데 있답니다. 395년 테오도시우스 황제가 죽은 뒤, 두 아들은 서로 황제가 되려고 다투다가 로마를 동과 서로 나누어 각기 다스렸어요.

로마가 약해진 또 다른 이유는 부자가 너무 많았기 때문이랍니다. 로마는 쉴 새 없이 다른 나라를 정복하면서 많은 노예와 돈을 빼앗아 왔어요. 이 돈으로 부자가 된 사람들은 점점 가난한 농민들의 땅을 사들여 큰 땅을 갖게 됐어요. 조그만 땅에서 농사를 짓던 사람들은 갈 곳이 없어졌고 빈부 차이는 점점 심해졌지요.

부자는 군인이 되려고 하지 않았어요. 가난한 농민들은 노예와 비슷한 신세가 되어 군인이 될 수가 없었지요. 그래서 로마 군인의 수는 점점 줄어들었고 힘이 약해질 수밖에 없었어요.

마침내 로마는 이웃 나라에서 군인들을 빌려 와서 월급을 주고 나라를 지키려 했어요. 이런 이웃 나라 군인을 '용병'이라고 하는데, 용병이었던 오도아케르가 결국 서로마를 멸망시켰답니다.

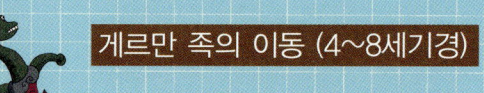

게르만 족의 이동 (4~8세기경)

22. 따뜻한 남쪽 나라로 이사 가는 사람들?

하루 일을 마친 사람들은 마을 지도자의 집으로 모여 주사위 놀이를 했어요. 사람들은 차례로 주사위를 던지며 이런저런 이야기를 나누었어요.

"식구가 많은데 먹을 것이 없어서 추운 겨울을 날 수 있을지……."

"다 같은 처지일세. 어떻게 수를 쓰든지 해야지, 원."

사람들은 저마다 어려운 처지를 하소연했어요.

"저기, 남쪽에 로마가 망했다던데 그쪽으로 가는 게 어떨까요? 거긴 보물도 많다던데."

무심코 주사위를 던지던 한 청년이 말했어요.

"그게 정말인가?"

"그럼, 우리 모두 내일 당장 떠나도록 하세."

사람들은 짐을 싸서 머나먼 로마로 이사를 갔어요. 이 소식은 이웃 마을까지 퍼졌어요. 살기 어려웠던 이웃 마을 사람들도 저마다 짐을 꾸렸답니다.

이렇게 따뜻한 남쪽으로 이사 간 사람들은 누굴까요?

따뜻한 곳을 찾아 유럽의 남쪽 지역으로 이동한 사람들은 바로 게르만 민족이랍니다. 그들은 중앙아시아의 넓은 초원에서 가축을 기르며 돌아다니던 민족이었지요.

400년대에 들어서자 게르만 민족의 인구는 점점 늘어났고 먹을 것이 부족해졌어요. 또 훈 족이 자주 쳐들어와 살기 힘들어진 게르만 민족은 남쪽으로 이동하기 시작했어요. 게르만 민족은 나라 없이 부족끼리 모여 살았기 때문에 이동할 때도 각 부족끼리 무리를 지어 다녔어요. 이동한 게르만 민족은 유럽 곳곳으로 흩어져 자리를 잡았어요. 그러고는 원래 그 땅에 살고 있던 서유럽 사람들을 본받아 나라를 세웠어요. 프랑크 족은 프랑스 지방 북쪽에

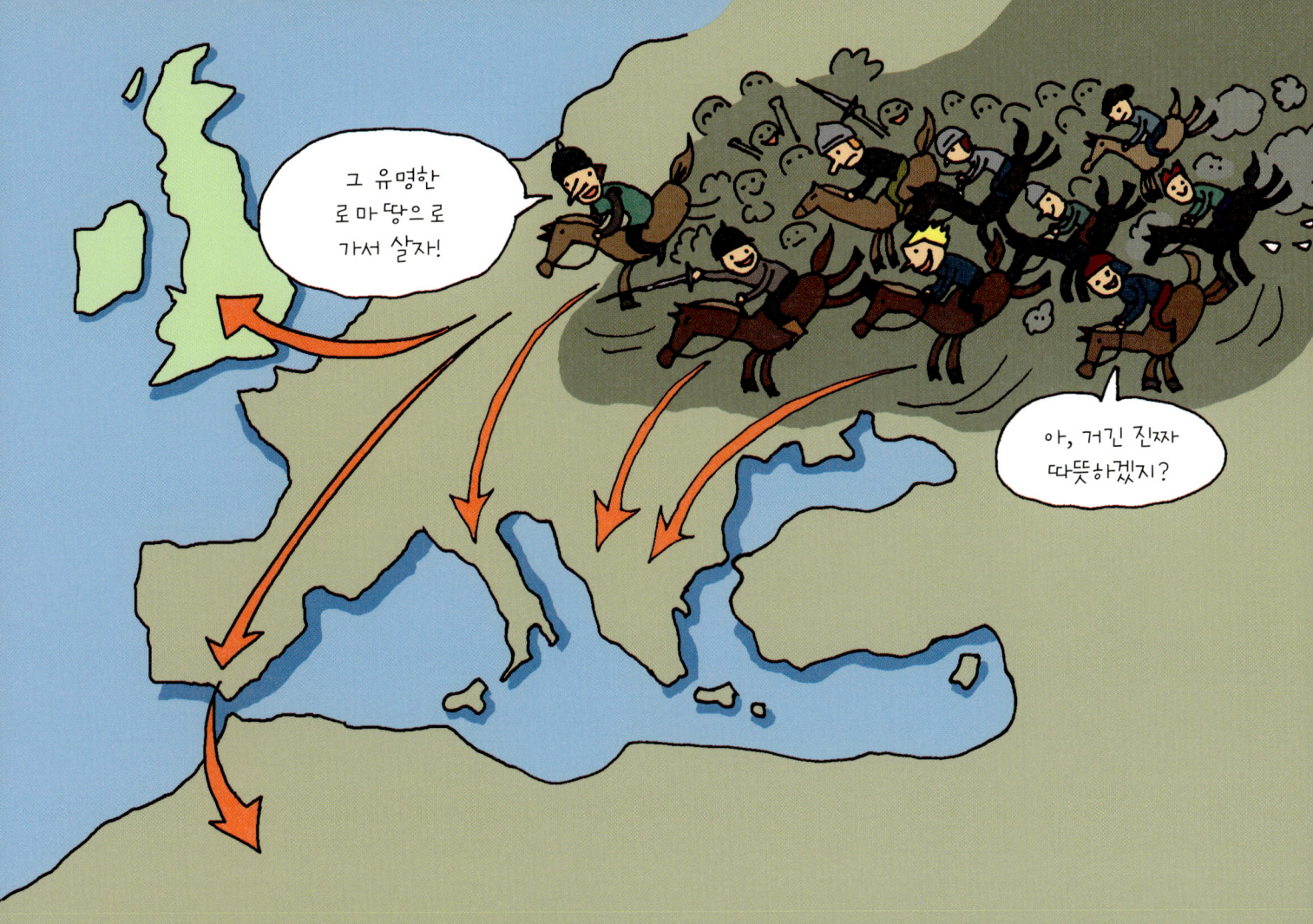

나라를 세웠고, 앵글로 족과 색슨 족은 머나먼 영국 지방까지 이동해 나라를 세웠답니다.

하지만 프랑크 왕국을 제외한 다른 나라들은 얼마 지나지 않아 멸망했어요. 옛날부터 그 지역에 살고 있던 사람들의 숫자가 게르만 민족보다 훨씬 많았고 문화 수준도 앞서 있었기 때문이지요.

프랑크 왕국은 원래 그 지역에 살고 있던 사람들의 앞선 문화를 받아들였어요. 특히 기독교를 받아들임으로써 게르만 민족과 원래 살던 사람들 사이의 갈등을 줄여서 오랫동안 나라를 유지할 수 있었지요.

봉건 제도 성립 (6세기경)

23. 원탁의 기사는 왜 아더 왕에게 충성을 맹세했을까?

영국의 어느 고갯길에 땅속 깊이 칼 한 자루가 꽂혀 있었어요.

'이 칼을 뽑는 사람은 왕이 될 것이다.'

칼에는 이런 글귀가 적혀 있었지요. 길을 지나던 사람들은 너나 할 것 없이 칼을 뽑기 위해 몰려들었어요.

"하하하, 이 정도 칼을 뽑는 것은 일도 아니지."

체격이 건장한 장수는 자신감을 보였어요. 하지만 장수가 아무리 힘을 주어도 칼은 뽑히지 않았어요.

"제가 해 보겠습니다."

'아더'라는 이름의 젊은이가 앞으로 나섰어요. 사람들은 체격이 작은 아더를 비웃었어요. 하지만 아더는 단숨에 칼을 뽑았답니다.

아더에 대한 소문은 꼬리에 꼬리를 물고 퍼졌어요. 소문을 들은 카멜롯 사람들은 아더를 왕으로 받들었어요. 아더는 함께 나라를 지켜 나갈 군인을 모집했어요. 그는 전국 방방곡곡에서 몰려온 사람들 가운데 칼솜씨가 좋은 사람들을 군인으로 뽑았어요. 아더는 군인들과 함께 원형 탁자에 앉아 이야기를 나누었어요. 원탁의 기사들은 아더에게 무릎을 꿇고 충성을 맹세했어요. 아더는 그들에게 칼을 한 자루씩 주었답니다.

원탁의 기사들은 왜 아더 왕에게 충성을 맹세했을까요?

원탁의 기사는 아더 왕에게 땅을 받았기 때문에 충성을 맹세했을 겁니다. 아더 왕 이야기는 실제 일어난 일이 아닌 동화이지요. 하지만 북쪽에서 이동해 온 게르만 민족 가운데에는 아더 왕처럼 갑자기 나타나 땅을 차지하고 왕이 된 사람들이 많았어요.

왕은 정복한 땅을 지키기 위해 군대가 필요했어요. 하지만 원래 그 땅에 살고 있던 사람들은 왕과는 다른 민족이기 때문에 군인이 되려고 하지 않았어요. 왕은 군인이 되면 땅을 준다는 조건을 내걸고 군인을 모집했어요. 대신 군인은 왕에게 충성을 맹세해야 했지요. 이렇게 왕과 계약을 맺은 군인을 '기사'라고 해요.

기사는 왕에게 받은 땅을 농민들에게 나눠 주고 농사를 짓게 했어요. 공짜로 땅을 받은 농민들은 땅 주인인 '영주'에게 세금을 내고 영주의 농사를 대신 지어 주었답니다.

이렇게 각 신분의 사람들이 계약으로 연결된 제도를 '봉건 제도'라고 해요. 봉건 제도는 이후 오랫동안 유럽 지역에서 실시되었답니다.

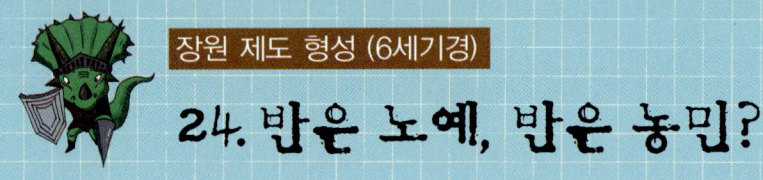

장원 제도 형성 (6세기경)

24. 반은 노예, 반은 농민?

결혼식이 시작되자 신랑과 신부가 나왔어요.

"와, 예쁘다!"

사람들은 눈부시게 아름다운 신부를 보자 탄성을 질렀어요. 신랑과 신부는 주교 앞에서 평생토록 사랑할 것을 맹세했어요. 마을 사람들은 흥겹게 춤을 추었지만 정작 신랑과 신부 얼굴은 어두웠답니다.

이윽고 밤이 되자 신랑과 신부는 마차를 타고 영주의 저택 앞에 도착했어요. 신부는 두려움에 몸을 부들부들 떨었어요. 영주의 신하들은 신부를 데려갔어요. 영주의 저택으로 들어가는 신부의 뒷모습을 바라보며 신랑은 눈물을 흘렸어요.

첫닭이 울자 영주의 저택에서 신부가 나왔어요. 기다리고 있던 신랑은 신부를 맞아 주었어요.

"여보, 미안해요."

신랑은 신부의 눈물을 닦아 주었어요.

신부는 왜 첫날밤을 영주와 함께 보냈을까요?

신부가 영주와 첫날밤을 보낸 것은 신랑과 신부가 농노였기 때문이랍니다. 중세의 농민은 노예와 농민의 특성을 골고루 가지고 있었기 때문에 '농노'라고 부르지요.

중세 시대의 기사는 전쟁이 일어나면 싸우는 대가로 왕에게 땅을 얻었어요. 이렇게 얻은 땅을 '장원'이라고 하는데 서울의 여의도만 한 크기였답니다.

기사는 장원의 땅 주인, 다시 말해 '영주'였어요. 영주는 땅을 농사짓는 사람들에게 나눠 주었어요. 그렇게 땅을 받은 사람을 '농노'라고 하지요. 농노는 땅을 받아 농사를 짓는 대신 영주에게 많은 세금을 내야 했어요. 땅값과 장원을 다니는 통행세를 내야 했고, 결혼을 하

려면 결혼세를, 돼지를 키우려면 돼지세를 내야 했어요. 뿐만 아니라 영주의 농사를 대신 지어 주는 데 일주일에 3~4일 정도의 시간을 보내야 했답니다.

장원에서 영주가 하는 일은 왕도 관여할 수 없었어요. 때문에 영주는 마음대로 농노들을 부려먹고 농노는 영주가 시키는 일이면 다 해야 했답니다. 심지어 농노가 결혼하면 영주가 그 신부와 첫날밤을 보내기도 했지요.

하지만 영주는 농노를 노예처럼 팔 수 없었고 특별한 이유 없이 농노에게 준 땅을 빼앗을 수도 없었지요. 이러한 제도를 통틀어 '장원 제도'라고 한답니다.

마호메트의 이슬람교 창시 (610년)

25. 동굴 속에 울린 알라신의 목소리?

서남아시아에 있는 '메카'라는 도시에서 마호메트가 태어났어요. 마호메트는 어릴 적부터 장사를 하는 삼촌을 따라 여러 지역을 돌아다녔어요.

'왜 부족끼리 싸움이 끊이지 않을까, 왜 사람들은 평등하지 않을까, 이 고통스러운 현실에서 어떻게 살아야 올바로 사는 걸까?'

마호메트는 세상 구경을 하면서 자주 이런 생각에 잠기곤 했어요.

세월이 흘러 청년이 된 마호메트는 메카로 돌아와 채소 가게에서 일했어요. 그는 남편을 잃고 혼자 살던 여주인에게 사랑을 느꼈어요. 마호메트는 여주인과 결혼을 했지요.

하지만 마호메트의 고민은 끝나지 않았어요. 그는 세상의 진리와 평등에 대한 해답을 얻기 위해 매일 밤 동굴에 가서 생각에 잠기곤 했답니다.

그러던 어느 날 밤, 동굴에서 이상한 목소리가 들렸어요.

"나는 알라의 천사다. 이제부터 알라의 뜻을 받들고 세상에 이 뜻을 전하도록 하여라."

마호메트는 깜짝 놀랐어요.

때는 610년, 마호메트는 사람들에게 자신의 깨달음을 알리기 시작했어요.

그가 사람들에게 전한 내용은 무엇이었을까요?

세상은 누구나 평등하며...

마호메트는 알라신이 우주의 창조자라고 믿었고 알라신 앞에 모든 사람이 평등하다고 말했어요. 또 알라신을 받드는 사람은 천국에 가고 그렇지 않은 사람은 지옥에 간다고 주장했어요. 이러한 마호메트의 믿음은 '이슬람교'라는 종교가 되었지요.

이슬람교의 내용은 기독교와 비슷한 점이 많았답니다. 마호메트가 어려서부터 여행을 하면서 기독교의 영향을 받았기 때문이지요.

사람들은 마호메트가 전하는 이슬람교의 가르침에 귀를 기울였어요. 하지만 메카의 귀족들은 마호메트를 싫어했기 때문에 마호메트는 '메디나'라는 도시로 도망갔어요. 622년에 일어난 이 사건을 '헤지라'라고 한답니다.

마호메트는 메디나에서도 믿음을 널리 알렸어요. 마침내 이슬람교를 따르는 사람이 많아졌고, 아라비아 지역을 정복하고 이슬람 제국을 이루었지요. 마호메트가 죽은 뒤 그의 가르침은 책으로 남았는데, 이를 '코란'이라고 해요. 코란은 지금까지 내려오는 이슬람교의 성경이 되었답니다.

이슬람 제국의 포교 전쟁 (7세기경)

26. 코란이냐, 칼이냐, 세금이냐?

"이슬람 사람들이 나타났다!"

누군가 외치는 소리에 시리아 사람들은 너나 할 것 없이 모두 도망갔어요. 이슬람 사람들은 포악하다는 소문을 들었기 때문이지요.

"우리가 원하는 것은 싸움이 아닙니다."

이슬람 장군이 나서서 말하자, 시리아 사람들은 의아해 했어요.

"그럼 뭘 원합니까?"

이슬람 장군은 시리아 사람들에게 코란을 건넸어요.

"코란을 택하든지 아니면 세금을 내시오. 그렇지 않으면……."

이슬람 장군은 칼집에서 칼을 꺼내 보였어요.

"난 미신을 섬길 수 없어."

기독교를 따르던 시리아 사람들은 대부분 세금을 냈답니다.

"난 돈이 없어 세금을 낼 수 없소. 그렇다고 알라신을 따를 수도 없지."

거지가 말했어요. 이슬람 군인은 그에게 칼을 들이댔어요.

이슬람 군인은 왜 이런 선택을 강요했을까요?

마호메트는 아라비아 지역을 정복해 이슬람 제국을 세웠어요. 마호메트가 죽은 뒤 이슬람 제국은 정치와 군사, 종교를 모두 돌보는 마호메트의 후계자를 뽑았지요. 그 후계자를 '칼리프'라고 하는데 옴미아드 집안에서 칼리프가 뽑혔답니다.

칼리프는 알라신을 믿는 사람들이 모두 한 형제라고 하며 아라비아 사람들을 단결시켰어요. 그리고 이웃 나라에 이슬람교를 전하기 위해 군대를 보냈답니다.

당시 북부 아프리카와 지중해 주변의 유럽은 대부분 기독교를 믿었지요. 이슬람 제국은 이슬람교를 전하기 위해 정복한 나라의 사람들에게 코란, 칼, 세금 가운데 하나를 선택하게 했답니다.

이슬람 제국이 맨 처음 군대를 보낸 것은 634년 시리아였어요. 여기서 이슬람 제국은 동로마 제국과 전쟁을 벌여 승리했어요. 641년에는 페르시아를, 다음 해에는 이집트를 정복했어요. 카르타고와 북아프리카도 정복해 지중해 동쪽 지역을 차지하게 되었지요.

이슬람 제국이 땅을 넓혀 감에 따라 이슬람교를 따르는 사람도 많아졌어요. 이슬람교는 가르침의 내용이 쉬웠기 때문에 빠르게 퍼져 나갔어요.

이슬람 제국은 기독교를 따르는 유럽에까지 이슬람교를 전파하기 위해 공격했어요. 하지만 프랑스 지역에 있던 프랑크 왕국의 '칼 마르텔'이라는 왕이 이를 막아 냈답니다.

중국 당나라의 측천무후 즉위 (690년)

27. 아들을 죽이고 황제가 된 여자?

옛날 중국의 황제에게는 여러 명의 부인이 있었어요. 당나라의 고종 황제는 '무조'라는 여자를 부인으로 맞았는데, 고종은 무조가 낳은 아들을 세자로 임명해 황제 자리를 잇도록 했답니다. 세자는 건강하고 똘똘하게 잘 자랐어요.

그러던 어느 날, 세자의 방을 찾은 고종이 세자를 불렀어요. 그러나 세자는 이불 속에 누워 대답을 하지 않았어요. 고종이 이불을 걷어 보니 세자가 숨을 쉬지 않았어요.

"아니, 여봐라! 밖에 누구 없느냐?"

깜짝 놀라 고종이 소리를 지르자 신하들이 방 안으로 들어왔어요.

"이게 어찌 된 일이냐?"

어찌할 바를 모르던 신하들이 고종에게 아뢰었어요.

"폐하, 오늘 이 방에 들어왔던 사람은 무조밖에 없습니다."

"그게 무슨 소리냐? 그럼 무조가 자기 아들을 죽였단 말이냐?"

고종은 무조를 불러 사연을 물었지요.

"폐하, 세상의 어떤 어미가 자기 자식을 죽인단 말씀이십니까? 거짓말입니다."

무조는 발뺌했지만 사람들은 무조가 한 짓이라는 걸 알고 있었지요.

무조는 왜 아들을 죽였을까요?

무조는 황제가 되기 위해 자기 아들을 죽였답니다.

무조는 몸이 약한 고종이 일찍 죽을 거라고 생각했어요. 고종이 죽으면 세자가 황제가 되기 때문에 세자를 죽이고 자신이 황제가 되려고 했던 거지요.

고종 황제의 부인이 된 무조는 나라를 다스리는 일에도 참여했어요. 무조가 일을 잘하자

고종은 660년 무조에게 황제의 권한을 주었지요. 무조는 영토를 넓히기 위해 주변 지역에 군대를 보냈어요. 우리나라의 백제와 고구려도 이때 멸망했지요. 무조의 정치 덕분에 당나라는 중국 역사에서 가장 넓은 영토를 차지했답니다.

고종이 죽은 뒤 690년에 무조는 정식으로 황제가 되었어요. 무조는 자기를 반대했던 신하들을 죽였어요. 그러고는 나라 이름을 '당'에서 '주'로 바꾸고 과거 제도를 통해 유능한 인재를 뽑았어요. 이렇게 뽑힌 학자들은 이후 당나라 발전에 크게 기여했지요.

최초의 여자 황제였던 무조를 후세 사람들은 '측천무후'라고 부르지요. 그러나 무조가 죽은 뒤 중종이 황제가 되었고 중종은 무조의 성과를 무시하고 나라 이름을 다시 '당'으로 고쳤답니다.

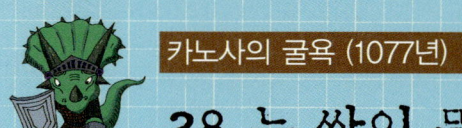

카노사의 굴욕 (1077년)

28. 눈 쌓인 뜰에 무릎을 꿇은 황제?

　카노사 성에서 쉬던 교황은 창문 밖을 바라보며 깊은 생각에 잠겨 있었어요. 그때 창밖 멀리서 한 남자가 말을 타고 오는 모습이 보였어요.

　잠시 뒤 주교가 교황의 방문을 두드렸어요.

　"교황님, 하인리히 황제가 오셨습니다. 교황을 뵙고 싶다고 하는데, 들어오라고 할까요?"

　교황은 잠시 생각하더니 고개를 가로저었어요.

　"황제를 카노사 성에 한 발짝도 들이지 말라."

　당황한 주교는 황제에게 교황의 뜻을 전했어요.

　"너무하십니다. 라인 강을 건너고 알프스를 넘어 이렇게 먼 길을 왔는데 만나 주시지도 않다니……."

　황제는 눈 내리는 뜰에 서서 교황을 원망했어요. 교황은 창문 너머로 황제를 바라보며 입가에 미소를 띠었지요. 하지만 황제가 들어오는 것을 허락하지 않았어요.

　그렇게 3일이 지났어요. 몸이 꽁꽁 얼어붙은 황제는 카노사 성을 향해 무릎을 꿇었어요. 황제는 왜 교황에게 무릎을 꿇었을까요?

이탈리아 로마의 교회에 사는 교황은 동로마를 제외한 유럽 지역 전체의 교회를 관할했어요. 유럽 사람들은 대부분 기독교를 따랐기 때문에 교황의 권위는 막강했답니다.

그런데 평소 교황의 마음에 안 드는 일이 있었어요. 교회 성직자를 황제가 임명하는 것이었지요. 교황은 정치를 하는 황제가 성직자를 뽑으면 교회가 타락한다고 말하고 자신이 직접 성직자를 뽑겠다는 칙령을 발표했어요.

신성 로마 제국의 황제 하인리히는 교황의 말에 반대했어요. 화가 난 교황은 자신을 따르는 신자들에게 하인리히를 만나지 말라고 명령했어요. 하인리히의 신하들은 교황의 뜻을 따라 황제를 무시했어요. 하인리히 황제는 할 수 없이 교황에게 무릎을 꿇고 용서를 빌었답니다.

결국 교황과 황제 가운데 누가 더 높은지를 놓고 벌였던 신경전에서 교황이 이긴 거지요. 이 사건을 '카노사의 굴욕'이라고 한답니다. 이 사건 이후로 교황은 성직자를 직접 뽑았으며 더욱 막강한 권한을 휘두르게 되었지요.

십자군 전쟁 (1096~1272년)

29. 십자가를 붙인 군인, 사람 고기를 먹다니?

'예루살렘'이라는 도시에 군대가 길게 늘어서 있었어요. 군인들의 옷에는 빨간 헝겊으로 만든 십자가가 붙어 있었지요.

"예루살렘은 포위되었소. 항복할 사람은 모두 성 안으로 들어가시오. 성 안으로 들어간 사람만 살려 주겠소!"

장군이 소리치자 예루살렘에 살고 있던 사람들은 성 안으로 발길을 재촉했어요.

성문이 닫히자 성벽을 둘러싼 군인들은 성 안으로 창을 던졌답니다. 그러고는 삼삼오오 담을 넘어 들어와 살아 있는 사람들을 찾아내 죽였지요. 사람들은 십자가가 붙어 있는 군복을 입은 군인들에게 속았던 거예요.

"이곳에 사는 사람들은 보물을 먹어서 뱃속에 숨겨 놨다고 한다. 보물을 찾아내도록 해라."

장군이 명령을 내렸어요. 군인들은 시체의 배를 갈라 보았지만 보물을 찾을 수가 없었지요. 한바탕 소란을 마치자 군인들은 배가 고파 더 이상 움직일 수 없었답니다.

"하는 수 없군. 사람 고기라도 먹지 않으면 굶어 죽겠어."

군인들은 자기들이 죽인 사람의 시체를 구워 먹었답니다.

이렇게 잔인한 군대는 누구일까요?

군복에 십자가를 붙이고 이슬람 제국을 공격한 사람들은 '십자군'이라는 유럽의 군대랍니다. 당시 유럽 사람들은 예수가 죽은 예루살렘을 하느님의 성지로 여기고 그곳에 다녀오는 일을 중요하게 생각했어요.

하지만 예루살렘으로 가는 터키 지역의 길목에 살았던 이슬람 사람들은 유럽 사람들이 예루살렘에 가지 못하도록 했지요.

화가 난 교황은 이슬람 사람들에 대해 나쁘게 말하며 예루살렘을 빼앗기 위해 군대를 모았어요. 농노, 기사, 왕의 아들까지 유럽 사람들은 하느님의 성지인 예루살렘을 되찾기 위해 군대에 지원했답니다. 이 군대가 바로 십자군이에요.

십자군은 이슬람 제국과 200여 년 동안 전쟁을 벌였지만 결국 실패했어요. '십자군 전쟁'의 패배로 교황의 힘은 약해졌고 전쟁을 지휘한 왕의 힘이 강해졌어요.

또 전쟁에 필요한 물자를 대 주었던 영주들은 가난에 허덕이게 되었고, 농노들은 장원을 떠나 도망갔어요. 봉건 제도와 장원 제도로 안정된 생활을 누렸던 유럽 사회는 황폐해졌답니다.

중세 도시의 발전 (10~13세기경)

30. 자유로운 도시로 가자?

"또 세금을 올린다고?"

잠자리에 든 부부는 잠이 오지 않았어요.

"에이, 그냥 떠나 버릴까?"

남편은 갑자기 이부자리를 박차고 일어나 짐을 꾸리기 시작했어요.

"여보, 어디 가려고요?"

"당신도 일어나. 더 이상 여기선 못 살겠어."

아내는 불안한 눈빛으로 남편을 쳐다보았어요. 부부는 장원을 떠나 멀리 숲까지 나왔어요.

"여보, 어디로 가려고……."

남편은 손으로 아내의 입을 막았어요. 다행히 마을을 지키는 군인들에게 들키지 않았답니다. 마을을 빠져 나온 부부는 오랫동안 걸었어요.

"여기서 일 년 하고 하루 동안만 들키지 않고 지내면 우리도 자유를 얻을 수 있어. 그때까지만 숨어서 지내자."

남편의 말에 아내가 되물었어요.

"여기가 어딘데요?"

부부가 도망간 곳은 어디일까요?

10~13세기경 중세 유럽 사람들이 모여든 곳은 바로 '도시'랍니다. 이들은 원래 '장원'이라는 넓은 땅에 살았어요.

　장원의 생활은 부유하고 평화로웠어요. 황무지를 일구어 땅이 넓어졌고 생산물도 많아졌지요. 그러자 남아도는 생산물을 이웃 나라에 파는 사람들이 생겨났답니다. 이들은 교통이 좋은 곳에 머물며 장사를 했어요. 이렇게 상인들이 머무는 지역이 '도시'랍니다.

　하지만 상인들은 자신들이 머무는 장원의 영주에게 세금을 내며 지배를 받았어요. 그런데 십자군 전쟁이 끝나고 영주의 힘이 약해지자 도시의 상인들은 영주의 지배와 간섭에서 벗어나려 했어요.

　그들은 영주에게 돈을 주거나 자신들의 군대로 영주에게서 벗어나려 했어요. 그러자 장원에서 영주에게 시달리던 농민들도 자유를 찾아 도시로 모여들었고 도시는 더욱 발전했지요.

　도시의 시민들은 서로 의논해 필요한 법을 만들고 도시를 돌볼 수 있는 모임을 만들었어요. 이러한 모임을 '길드'라고 하지요. 길드는 스스로 이익을 보호하려는 단체로 중세 유럽의 봉건 제도와 장원 제도를 무너뜨리는 원인이 되기도 했답니다.

중세 대학의 성립 (12세기경)

31. 집에도 안 가고 공부하다가?

이탈리아 남부의 교회에서는 사람들을 모아 가르쳤어요. 그 가운데 이르네리우스 선생님의 수업은 사람들에게 인기가 많았지요. 이르네리우스 선생님의 수업이 있는 날이면 이웃 나라의 학생들까지 몰려왔답니다.

"다음 주에도 선생님의 수업이 있어. 그때까지 집에 가지 말고 여기서 지내자."

이웃 나라에서 온 학생들은 교회 가까이에 방을 얻으려 했지만 돈이 얼마 없어 방을 구할 수가 없었어요. 학생들은 이 사실을 다른 학생들에게 알리고 도움을 청했어요.

"우리가 힘을 모아 동네 사람들에게 말해 볼까?"

학생들은 교회 주변의 거리로 나갔어요.

"방값을 내려라. 그렇지 않으면 우리는 다른 동네에서 수업을 받겠다!"

학생들이 입을 맞추어 소리 지르자 동네 사람들은 할 일을 제쳐 두고 거리로 나왔어요.

"학생들이 떠나면 우린 먹고 살 수가 없어."

동네 사람들은 방값을 내리기로 결정했어요. 그러자 점점 더 많은 학생들이 모여 공부를 할 수 있게 되었답니다. 이 학생들의 모임이 볼로냐 대학이 되었지요.

어떻게 학생들의 모임이 대학이 되었을까요?

방값을 내려 주시오.

유럽 사람들은 십자군 전쟁을 통해 이슬람과 동로마 제국의 새로운 문화를 접하게 되었고 호기심이 많아졌어요. 호기심 많은 학생과 지식이 많은 선생님은 수업을 하기 위해 항상 교회에 모였어요. 공부에 빠진 선생님과 학생들은 일을 하지 않았기 때문에 영주에게 세금을 낼 수 없었어요. 그러자 영주는 선생님과 학생들을 흩어 놓으려 했어요.

선생님과 학생들은 도시의 상인처럼 길드를 만들어 영주에게 반발했어요. 영주는 이들의 연구가 나라에 많은 도움을 준다는 사실을 인정하고 이들에게 자유를 주었지요.

이때부터 학생들과 선생님들은 서로 대화하면서 학교의 체계를 갖추어 나갔어요. 수업의 규칙과 문학, 논리학, 법학 등의 과목도 정했지요.

볼로냐 대학을 시작으로 유럽 지역에는 80여 개의 대학이 생겼어요. 대학은 학자와 전문가를 길러 냈고 중세 유럽의 학문과 문화를 발전시켰답니다.

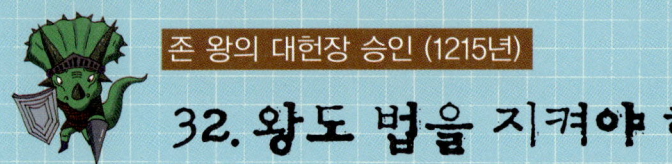

존 왕의 대헌장 승인 (1215년)

32. 왕도 법을 지켜야 해?

영국의 영주들은 세금을 더 내라는 왕의 편지를 받았어요. 화가 난 영주들은 편지를 찢어 버렸어요.

"세금을 더 내면 뭐 하나? 엉뚱한 데 써 버릴 텐데."

한자리에 모인 영주들은 저마다 불평을 늘어놓았어요.

"우리가 본때를 보여 줍시다."

영주들은 갑옷을 입고 런던으로 갔어요. 평소 존 왕을 싫어하던 사람들도 영주들을 따라나섰어요. 존 왕은 거리를 가득 채운 사람들을 지켜보며 겁을 잔뜩 먹었어요. 영주들은 의논을 해 가며 글귀를 적고는 존 왕에게 보여 주었지요.

"여기에 서명을 하시오."

존 왕이 펜을 잡고 우물쭈물하자 영주들은 칼을 뽑아 들었어요.

"사인을 안 한단 말이오? 그럼……."

겁에 질린 존 왕은 소리쳤어요.

"잠깐! 내가 글자를 몰라서……."

존 왕의 말에 영주들은 어처구니없는 표정을 지었어요.

하는 수 없이 존 왕은 사인 대신 도장을 찍었지요.

문서에는 무슨 내용이 적혀 있었을까요?

이 문서는 왕의 권한을 줄이고 영주와 자유민의 권리를 보장하는 내용의 글이 적혀 있었습니다. 존 왕은 여기에 적힌 내용을 지키겠다는 뜻에서 서명한 거지요. '대헌장'이라고 부르는 이 문서는 뒷날 영국 헌법을 만드는 데 기초가 되었답니다.

존 왕의 아버지 리처드는 사람들에게 존경받는 왕이었어요. 그는 아들에게 프랑스 지역 안에 있던 영국 땅을 물려주었어요. 하지만 존 왕은 프랑스와 전쟁을 벌여 이 땅을 모두 잃었답니다. 그러고는 다시 이 땅을 찾기 위해 전쟁을 하려고 했지요. 전쟁을 하면 세금과 군대를 보내야 했던 영주들은 왕에게 충성을 맹세했던 것을 무시하고 대헌장을 작성했어요.

대헌장은 63개의 조항으로 되어 있답니다. 세금을 걷을 때 영주의 허락을 받아야 한다는 것, 자유민을 감옥에 보낼 수 없다는 것, 재산을 빼앗거나 추방할 때도 영주의 허락을 받아야 한다는 것 등의 내용이지요.

대헌장 작성 이후 영국에는 성직자와 영주, 시민들이 나라의 일을 의논하고 법을 제정하는 '의회'라는 기관이 만들어졌어요.

대헌장은 이렇게 민주주의를 이루는 기초가 되었답니다.

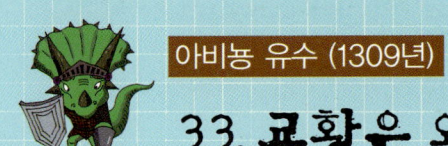

아비뇽 유수 (1309년)

33. 교황은 왜 로마에서 아비뇽으로 이사 갔을까?

프랑스의 왕 필리프 4세는 말을 타고 드넓은 땅을 달렸어요. 땅은 끝이 보이지 않을 만큼 넓었어요.

"이 땅은 유달리 넓구나. 누구 것이냐?"

"교회 땅입니다."

"아니, 교회에서 왜 이렇게 많은 땅을 가지고 있지?"

"교회에서는 땅을 바쳐야 천국에 갈 수 있다고 설교를 하지요. 그래서 사람들은 서로 교회에 땅을 바치려고 한답니다."

"모두 굶주리는데 교회만 부자군. 교회에도 세금을 받도록 해라."

필리프 4세는 신하에게 명령을 내렸어요.

이 소식을 들은 로마의 교황은 화가 났답니다.

"뭣이! 감히 왕이 교회에서 하는 일을 문제 삼다니."

교황은 필리프 4세에게 편지를 썼어요. 교황이 왕보다 권위가 높으니 교회 일에 참견하지 말라는 내용이었지요.

더욱 화가 난 필리프 4세는 교황을 몰래 납치했답니다. 그 뒤 다른 사람이 교황이 되었지만 교황청은 우울한 나날이 계속되었어요. 교황청을 아비뇽으로 옮겨야 했기 때문이지요.

교황은 왜 아비뇽으로 갔을까요?

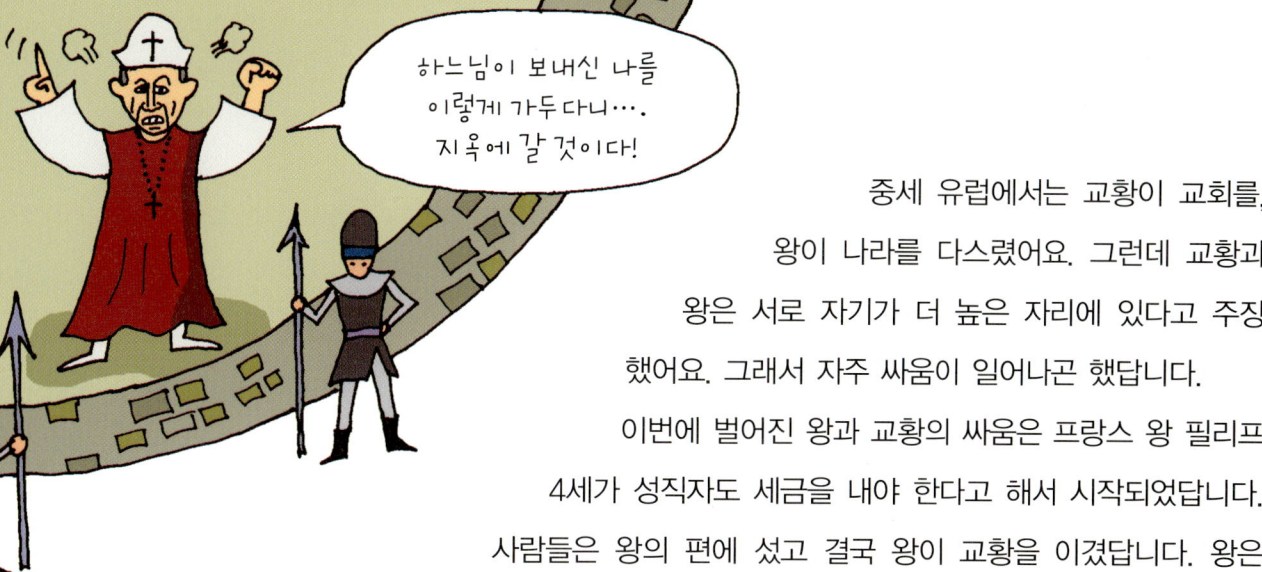

중세 유럽에서는 교황이 교회를, 왕이 나라를 다스렸어요. 그런데 교황과 왕은 서로 자기가 더 높은 자리에 있다고 주장했어요. 그래서 자주 싸움이 일어나곤 했답니다.

이번에 벌어진 왕과 교황의 싸움은 프랑스 왕 필리프 4세가 성직자도 세금을 내야 한다고 해서 시작되었답니다.

사람들은 왕의 편에 섰고 결국 왕이 교황을 이겼답니다. 왕은 교황에게 로마에 있는 교황청을 프랑스의 '아비뇽'이라는 도시로 옮기라고 명령했어요. 교황은 왕의 뜻을 받아들여 아비뇽으로 이사 가게 되었는데, 이것을 '아비뇽 유수'라고 해요. 유수란, 사람을 잡아 가두는 것을 말한답니다.

아비뇽 유수 이후 왕은 교회의 땅을 빼앗았을 뿐 아니라 교황을 뽑는 일에도 관여했지요. 로마의 교회들은 왕의 밑에 있는 아비뇽 교황의 뜻을 따를 수가 없었어요. 그래서 자기들끼리 새로운 교황을 뽑았어요. 70년 동안 유럽에는 두 명의 교황이 교회를 다스리게 되었고 교회는 점점 타락해 갔답니다.

마르코 폴로의 《동방견문록》 (1298~1299년)

34. 동양에는 신기한 것투성이야?

이탈리아 감옥 안에 갇혀 있는 사람들은 살을 에는 듯한 추위에 벌벌 떨었어요.

"원나라가 그립군."

죄수 가운데 하나였던 마르코 폴로는 한숨을 쉬며 혼잣말을 했어요.

"원나라라니?"

"원나라엔 불이 붙는 검은 돌이 있어. 그 돌에 불을 피우면 따뜻한 열기가 올라와. 그걸 석탄이라고 하는데 얼마나 따뜻한지……."

마르코 폴로의 이야기에 다른 죄수들이 궁금한 표정을 지으며 그의 주변으로 모였어요.

"그뿐인가? 동양엔 신기한 것투성이야. 황금으로 만들어진 나라도 있다고."

"여보시오, 당신의 이야기는 정말 재미있구려. 난 작가라오. 이 흥미진진한 동양의 이야기를 글로 써 보겠소."

'루스티첼로'라는 작가는 마르코 폴로의 이야기를 글로 써서 뒷날 책으로 펴냈답니다. 마르코 폴로는 동양에 대해 어떻게 알게 되었을까요?

마르코 폴로는 중국 원나라의 관리였답니다. 원래 그가 태어난 곳은 이탈리아의 베네치아였어요. 마르코 폴로의 아버지는 원나라와 무역을 하는 상인이었어요. 어릴 때부터 아버지의 여행 이야기를 듣고 자란 마르코 폴로는 동양에 대해 호기심을 갖고 있었어요. 마르코 폴로가 어른이 되자 아버지는 그를 데리고 원나라로 갔답니다.

　1274년, 마르코 폴로는 원나라의 황제 쿠빌라이 칸을 만나게 되었어요. 쿠빌라이 칸은 마르코 폴로를 마음에 들어 했어요. 그래서 그에게 관리직을 맡기고 원나라에 머물게 했지요. 마르코 폴로는 황제의 일을 도우면서 원나라의 넓은 땅을 돌아다녔어요. 그래서 그는 동양의 풍습과 문화를 직접 볼 수 있었지요.

　오랜 세월이 지난 뒤 마르코 폴로는 다시 베네치아로 돌아왔어요. 그 뒤 전쟁 포로로 감옥에 갔는데 그곳에서 만난 작가가 그의 이야기를 책으로 썼어요. 그 책이 바로 《동방견문록》이랍니다. 《동방견문록》은 동양의 풍습과 문화를 최초로 서양에 소개한 책이지요. 이 책에는 예절 바른 중국 여성, 원나라 수도 대도(현재의 베이징)의 모습, 중국 왕궁에 대한 내용 등이 담겨 있어요. 하지만 일본을 '황금의 섬'이라고 표현하는 등 과장된 내용도 있지요.

　《동방견문록》은 당시 동양을 잘 몰랐던 유럽 사람들에게 동양에 관한 호기심을 심어 주었답니다.

다소곳….

중세 시대의 농민 반란 (14세기 말)

35. 누구는 귀족, 누구는 농민?

"여러분, 아담과 이브가 살던 시절엔 영주도 없고 왕도 없었습니다. 왜 똑같은 사람끼리 누구는 귀족이 되고 누구는 농민으로 살아야 합니까?"

존 목사의 이야기를 들은 농민들은 고개를 끄덕였어요.

"맞아, 그건 불공평해."

"언제까지 우리만 이렇게 가난에 허덕여야 하는 거야."

농민들은 어떻게 하면 자신의 처지가 지금보다 나아질 수 있을까를 고민했어요. 그러던 중 한 농부가 말했어요.

"왕에게 우리의 고통을 알리자."

농민들이 이 일을 따지기 위해 왕을 찾아가려고 했어요.

그러나 영주들은 길을 막았답니다. 농민들은 포기하지 않고 도로를 가득 메운 채 걸었어요. 그 행렬은 왕궁으로 이어졌어요.

"왕이여, 더 이상 영주에게 얽매이고 싶지 않습니다. 우리를 자유롭게 해 주십시오."

농민들의 강력한 요구에 왕은 마침내 그러겠노라고 약속했어요. 하지만 영주의 군대는 고향으로 돌아가는 농민들을 무자비하게 죽였답니다.

왜 농민들은 목숨까지 바쳐 가면서 영주와 싸웠을까요?

중세 유럽의 농민들은 영주에게 소속되어 있었어요. 영주들은 많은 세금을 거두어 농민들의 생활을 어렵게 했어요. 게다가 14세기경에는 영국과 프랑스가 벌인 100년 동안의 전쟁으로 인해 인구가 많이 줄어드는 바람에 농민들은 더욱 힘들게 일해야 했답니다.

하지만 왕은 농민들을 돌보기는커녕 더욱 많은 세금을 거두려고 했어요. 또 전쟁으로 파괴된 건물을 짓는 일까지 농민들 몫이었답니다.

농민들의 생활은 점점 더 힘들어졌어요. 견디다 못한 유럽 곳곳의 농민들은 반란을 일으켰어요. 그 가운데 영국에서 일어난 대표적인 반란을 '와트 타일러의 난'이라고 하고, 프랑스에서 일어난 대표적인 반란을 '자크리의 난'이라고 해요.

농민들이 일을 하지 않으면 먹고 살 수 없었던 영주들은 농민 반란을 막았어요. 유럽 각 지역의 농민 반란은 모두 실패로 돌아가고 말았지요. 하지만 농민 반란은 중세 시대를 마감하는 계기가 되었답니다.

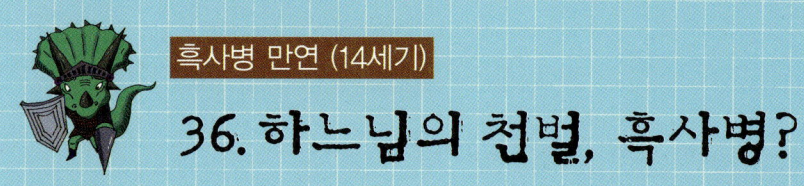

흑사병 만연 (14세기)

36. 하느님의 천벌, 흑사병?

"내 아들이 병에 걸렸소."
"악!"
마을 사람들이 소리를 질러 대며 도망갔어요.
"전염병이오. 이대로 놔두면 우리 모두 죽어요. 조치를 취합시다."
마을 어른들은 병든 소년의 집으로 몰려가 불을 질렀지요. 문을 막아 버렸기 때문에 소년은 나올 수가 없었어요. 어머니는 괴롭게 죽어 가는 아들을 지켜볼 수밖에 없었지요.

다음 날, 소년의 어머니마저 열이 나기 시작했어요. 온몸이 붓고 얼굴이 흙빛으로 변해 헛소리를 했어요. 이것을 본 사람들은 허겁지겁 마을을 떠났지요. 도로는 도망가는 사람으로 가득했어요.

"심판의 날이 왔도다. 더 이상 도망가지 말고 신을 맞아라."
어떤 사람들은 발가벗고 자신의 몸을 채찍으로 때리기도 했어요. 그들의 행동은 마치 악마에 홀린 듯했어요. 왜 이런 일들이 벌어졌을까요?

14세기 중반 유럽에는 '흑사병'이라는 전염병이 돌았어요. 이탈리아에서 시작해 프랑스와 영국, 북유럽과 러시아 지역을 거쳐 중국까지 퍼졌어요. 흑사병 때문에 전체 유럽 사람의 4분의 1이 죽었어요. 그 수는 2천 5백만 명에 이르렀지요.

흑사병에 걸린 사람은 온몸이 붓거나 피가 목에 걸려 숨을 쉬지 못하고 24시간 안에 죽었어요. 어떤 의사도 흑사병을 치료할 수 없었지요.

병이 점점 퍼지자 사람들은 공포와 불안에 휩싸였답니다. 병에 걸리지 않으려고 이웃 사람조차 만나지 않았어요. 어떤 사람들은 약이 된다는 소문을 듣고 금덩어리를 쪼개서 먹었

고 아예 목숨을 포기한 채 하루 종일 기도하며 죽음을 기다리는 사람도 있었답니다.

파리 대학에서는 이 병의 원인을 지구에 이상한 변화가 생겼기 때문이라고 설명했어요. 하지만 사람들은 악마가 공기를 더럽혔거나 하느님이 천벌을 내린 것이라고 믿었어요.

사람들은 처음 흑사병을 옮긴 사람이 유대 인이라고 생각해 유대 인을 보기만 하면 산 채로 불에 태워 버렸답니다.

흑사병은 유럽을 광기와 미신에 사로잡히게 했어요. 많은 사람들이 마을을 떠났고 미신에 빠져 이상한 행동을 보이기도 했지요. 결국 흑사병은 유럽의 중세 시대를 마감하는 또 하나의 계기가 되었답니다.

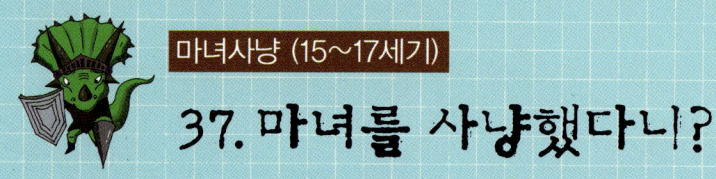

마녀사냥 (15~17세기)

37. 마녀를 사냥했다니?

"저기 마녀가 나타났다!"

한 청년이 허름한 집을 가리키며 소리를 질렀어요. 사람들은 모두 겁을 먹고 부르르 떨었어요.

이윽고 재판소에서 나온 관리들이 그 집에 들이닥쳐 집 안에 있던 여자를 끌고 나왔어요.

"저는 마녀가 아니에요."

여자는 눈물을 흘리며 간절하게 말했지만 재판소의 관리들은 그 말을 믿지 않았어요.

"마녀는 불에 태워야 해요."

동네 사람들은 끌려가는 여자에게 돌을 던지며 소리쳤어요. 재판소의 관리들은 여자를 강가로 데려갔어요.

"너를 물에 빠뜨리겠다. 네가 마녀가 아니라면 떠오르지 않을 것이고 마녀라면 떠오를 것이다."

관리는 여자를 물에 빠뜨렸어요. 동네 사람들은 흥미진진한 표정으로 그 광경을 바라보았어요. 잠시 뒤 물에 빠진 여자는 허우적거리며 물 위로 떠올랐어요.

"마녀다! 물도 마녀를 거부하기 때문에 떠오른 거야!"

지켜보고 있던 관리가 말하자 어느 누구도 여자를 구해 주지 않았어요. 결국 여자는 죽고 말았지요.

왜 이런 일이 일어났을까요?

기독교를 따르던 중세 유럽 사람들은 하느님의 뜻을 어기게 만드는 마녀가 사람 몸속에 숨어 있다고 믿었어요. 그래서 '종교 재판소'라는 기관을 두어 사람의 생각이 기독교 내용에 맞는지 아닌지를 심사해 그 몸속에 숨어 있는 마녀를 찾아내려고 했답니다.

　하지만 사람의 생각은 눈에 보이지 않기 때문에 그것을 판단하는 일은 매우 어려웠어요. 그래서 종종 지역 주민들이 신고하는 사람들을 재판의 대상으로 삼았답니다. 이렇게 지역 주민에게 의심받는 사람은 종교 재판을 통해 끔찍하게 죽임을 당했는데, 이것을 '마녀사냥' 이라고 합니다.

　마녀사냥은 기독교가 자리 잡을 때부터 오래도록 유럽 전체 지역에서 이루어졌어요. 하지만 아무 죄 없이 이웃의 미움을 받아 죽임을 당하는 경우가 많았지요.

　특히 15세기 이후, 사회는 더욱 혼란해졌고 기독교에 대한 의견도 다양해졌기 때문에 마녀사냥은 더욱 극성을 부렸답니다.

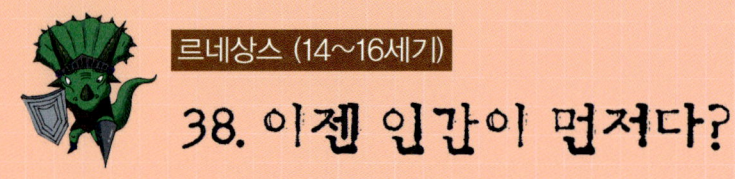

르네상스 (14~16세기)

38. 이젠 인간이 먼저다?

이탈리아의 메디치 가문은 유명한 부자 가문이었어요. 그 집 뜰에는 언제나 많은 예술가들이 모였지요.

"청춘은 얼마나 아름다우며 얼마나 덧없는 것이냐! 즐거워하는 그에게도 내일은 아무것도 확실치 않네."

"자네의 시가 많이 좋아졌군. 그런데 자넨 미래를 좋게 보지 않는 것 같아."

한 시인이 시를 읊자 모여 있던 예술가들은 저마다 느낀 점을 말하며 시를 좀 더 잘 쓰는 방법에 대해 토론했어요.

토론을 마친 예술가들은 유명한 레오나르도 다 빈치의 미술 전시회에 갔어요. 그들은 전시회에 걸린 그림을 꼼꼼히 살펴보았어요.

"이건 정말 굉장한 작품이야."

사람들은 〈모나리자〉라는 그림 앞에서 탄성을 질렀지요. 이들은 레오나르도 다 빈치의 〈모나리자〉가 어떤 점에서 대단하다고 생각했을까요?

레오나르도 다 빈치가 그린 '모나리자'는 인간의 개성을 잘 드러낸 작품이랍니다. 이것은 14세기 이탈리아의 예술 작품에 나타난 특징이지요.

중세 시대에는 기독교가 큰 권력을 가지고 있었기 때문에 사람들의 생각이 기독교 내용에 맞추어져 있었어요. 그래서 인간보다는 신을 중심으로 생각했고 종교를 담은 작품을 만들었답니다.

르네상스라는 말은 '다시 살린다'는 뜻이랍니다. 14세기 사람들이 다시 살리려고 했던 것은 그리스와 로마의 고전 문화이지요. 그리스와 로마의 고전 문화는 자연과 세상, 인간의 문제에 관심이 많았고, 르네상스는 그러한 문화를 본받고자 한 운동이랍니다.

이탈리아는 십자군 전쟁 이후 이슬람 제국이나 비잔틴 제국과의 무역이 활기를 띠었어요. 비잔틴 제국은 그리스, 로마가 있었던 지역을 차지했기 때문에 그 시대의 문화를 보존하고 있었지요. 이탈리아 사람들은 무역을 통해서 그리스, 로마 문화를 접할 수 있었고 르네상스 운동을 시작하게 되었지요.

주로 예술 방면에서 표현된 이탈리아 르네상스는 북유럽으로 전해지면서 사회와 종교에 대한 관심과 비판으로 나타났어요. 르네상스를 통해 유럽 사람들은 새로운 사고방식을 갖게 되었답니다.

구텐베르크의 인쇄술 발명 (1450년경)

39. 부자가 아니라도 책을 읽을 수 있다?

독일의 작은 마을에 '구텐베르크'라는 사람이 살았어요. 그는 나무를 깎아 글자를 만드는 공장에서 일하는 기계공이었어요.

"점심 먹으러 갈까?"

구텐베르크는 공장 주인의 말에도 아랑곳하지 않고 조그만 종이에 무언가를 열심히 적고 있었어요.

"자네, 뭘 그리고 있는가?"

"돈을 많이 벌 수 있는 획기적인 기계를 만들어 보려고요."

공장 주인은 미소를 지었어요.

구텐베르크는 공장 일이 끝난 뒤에도 계속 연구에 몰두했어요.

"그래 이거야! 이런 기계면 돈을 벌 수 있어."

마침내 구텐베르크는 새로운 기계를 발명해 냈어요. 그는 옆집 노인에게 돈을 빌려 기계를 만들었지만 생각과는 달리 돈을 벌지 못했어요. 그의 발명이 사람들에게 알려지지 않았기 때문이지요.

옆집 노인은 돈을 갚지 못한 구텐베르크를 고소했어요. 구텐베르크는 난처한 상황에 빠졌어요. 하지만 오랜 시간이 지나 그 기계는 사람들의 생활을 크게 발전시켰답니다. 구텐베르크가 발명한 기계는 어떤 것이었을까요?

구텐베르크는 같은 책을 여러 권 찍어 내는 인쇄 기계를 만들어 냈답니다.

옛날에는 책을 만들려면 사람이 일일이 글씨를 써야만 했어요. 이 방법은 시간이 오래 걸렸기 때문에 책은 귀족만 볼 수 있는 귀한 물건이었지요. 그러다가 목판이나 금속에 글자를 새긴 조각을 조합해 먹물을 묻힌 다음 종이에 눌러 찍는 방법이 나왔어요. 그러나 이 방법도 일일이 사람 손이 가야 하는 것은 마찬가지였지요.

구텐베르크는 '프레스'라는 기계를 만들어 냈어요. 프레스는 글자를 조합한 판을 여러 장의 종이에 빠른 속도로 찍을 수 있게 만든 기계예요. 구텐베르크가 발명해 낸 인쇄 기계와 인쇄 방법은 한꺼번에 여러 권의 책을 찍어 낼 수 있게 했어요. 이젠 책을 만드는 데 많은 시간이 걸리지 않았어요.

구텐베르크의 인쇄 기술은 유럽 곳곳에 알려졌고, 많은 인쇄소가 생겼어요. 부자가 아닌 사람도 책을 읽을 수 있게 되자 사람들은 점점 지식을 쌓을 수 있게 되었답니다.

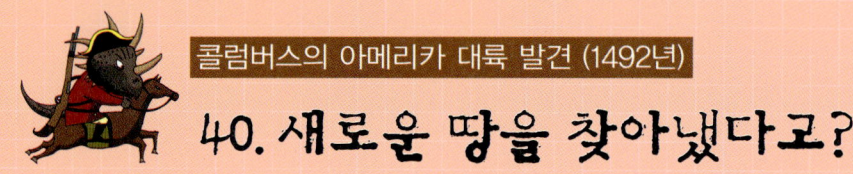

콜럼버스의 아메리카 대륙 발견 (1492년)

40. 새로운 땅을 찾아냈다고?

이탈리아의 도시 제노바에 '콜럼버스'라는 사람이 살았어요. 그는 오래된 책에서 지구가 둥글다는 내용을 보고는 기발한 생각이 떠올랐지요.

'서쪽 바다로 계속 가면 동쪽에 있는 인도에 닿을 수 있을지도 몰라.'

콜럼버스는 인도에 가고 싶어 했어요. 하지만 항해를 하기 위해선 많은 돈이 필요했지요. 콜럼버스는 스페인 여왕을 찾아갔어요.

"배를 주시오. 그럼 요술 나라 인도에서 황금을 가져다 드리겠습니다."

스페인 여왕은 콜럼버스의 청을 허락했어요. 콜럼버스는 선원들을 모아 항해를 떠났어요.

한참 동안 서쪽으로 갔지만 바다만 계속될 뿐 어떤 땅도 발견할 수 없었어요.

"여기서 포기할 수는 없어."

바로 그때 바다 끝에 걸려 있는 육지가 보였어요.

"육지다! 드디어 인도가 보인다!"

콜럼버스는 기뻐서 소리쳤어요.

그런데 콜럼버스가 발견한 것은 정말 인도였을까요?

콜럼버스가 발견한 곳은 아메리카 대륙이었어요. 아메리카 대륙은 당시 유럽 사람들이 전혀 모르고 있었던 땅이랍니다. 콜럼버스는 아메리카 대륙을 인도로 착각했던 거지요.

당시 유럽에는 동방에서 신기한 물건이 많이 들어왔어요. 신기한 물건들은 유럽 사람들을 호기심으로 들뜨게 했어요. 유럽 사람들은 동방을 황금으로 가득한 나라로 생각하고 가 보고 싶어 했지요.

하지만 유럽 동쪽에 있던 오스만 튀르크 민족은 유럽 사람들이 동쪽 나라로 가지 못하게

땅을 막고 있었어요. 유럽 사람들은 바다를 통해 동방을 찾아갈 수밖에 없었지요.

지구가 둥글다고 믿었던 콜럼버스는 서쪽으로 가는 새로운 항해 길을 선택했어요. 그래서 아메리카 대륙을 찾을 수 있었지요.

콜럼버스가 인도를 찾았다는 소문은 포르투갈로 퍼졌어요. 포르투갈은 스페인과 동방 무역을 두고 경쟁하고 있었기 때문에 인도와 무역할 수 있는 기회를 놓칠 수 없었어요. 그래서 인도를 찾기 위해 서둘러 항해자를 보냈어요. '바르톨로뮤 디아스'라는 사람이 항해에 나섰는데 그는 콜럼버스와는 다른 길로 갔어요. 그는 아프리카 대륙의 남쪽 끝에 있는 희망봉을 발견했어요. 그 뒤 포르투갈의 '바스코 다 가마'라는 사람이 인도로 가는 길을 처음 발견했답니다.

마젤란의 세계 일주 (1519년)
41. 최초로 세계 여행을 한 사람?

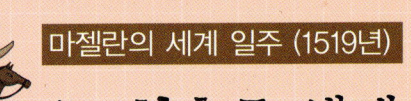

새로운 땅을 찾아 항해에 나선 마젤란의 배에 폭풍우가 몰아치기 시작했어요.
"선장님, 여기서 돌아가야겠어요."
"우린 바다의 사나이! 폭풍우를 견뎌 낼 수 있어."
선장 마젤란은 선원들에게 자신감을 불어넣어 주었어요. 선원들은 힘을 모아 돛을 잡고 배를 지켰어요. 겨우겨우 폭풍우를 빠져 나올 수 있었지만 비바람에 식량이 모두 바다에 빠져 버렸지요.
"배가 고파서 더 이상 갈 수가 없습니다."
굶주린 선원들은 배를 움켜쥐며 말했어요.
"이걸 먹으면 우린 살 수 있을 거야."
마젤란은 쓰러져 있는 선원들에게 톱밥을 주었어요. 선원들은 톱밥을 먹으며 배고픔을 달랬답니다.
고생 끝에 도착한 곳은 필리핀 땅이었어요. 그 지역에 사는 추장은 마젤란 일행을 반갑게 맞아 들였어요. 마젤란은 그들에게 식량을 줄 것과

기독교를 믿을 것을 강요했어요. 그러자 필리핀 부족은 마젤란 일행을 공격했어요.

마젤란 일행도 원주민에게 대포와 화살을 날렸어요. 하지만 마젤란은 필리핀 부족의 화살에 맞아 숨을 거두었답니다.

마젤란의 항해는 후세 사람들에게 무엇을 남겼을까요?

마젤란은 최초로 세계 일주를 떠난 사람이랍니다. 그의 세계 일주는 지구가 둥글다는 사실을 증명했어요. 이 사실은 과학의 발달과 합리적인 생각을 키워 주었답니다.

또 마젤란의 항해는 유럽 사람들에게 자신감을 심어 주었어요. 사람들은 마젤란이 발견한 항로를 통해서 세계 곳곳으로 나가 금과 은, 향료 등의 물건을 들여와 유럽에 팔았지요. 유럽의 동방 무역과 상업은 더욱 발전했고 상인들은 사회의 중요한 세력이 되었지요.

하지만 유럽 사람들은 새롭게 발견한 땅에 살고 있던 원주민을 괴롭혔어요. 물건을 빼앗고 일을 가혹하게 시켰으며 노예로 삼기도 했어요. 유럽 사람들은 새롭게 발견한 대륙을 자기 나라 땅으로 생각했던 거예요.

결국 마젤란이나 콜럼버스의 항해로 유럽은 이익을 얻었지만 아시아, 아프리카, 아메리카 대륙은 유럽의 지배를 받게 되었어요. 각 지역의 고유문화가 유럽 사람들에게 파괴되어 버렸답니다.

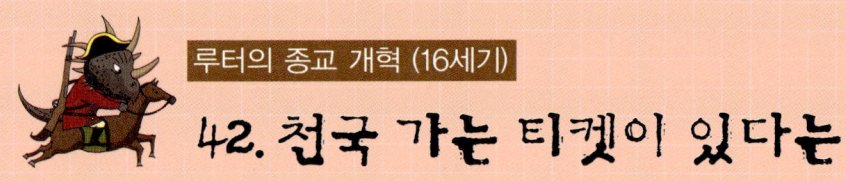

루터의 종교 개혁 (16세기)

42. 천국 가는 티켓이 있다는데?

"면죄부 사세요. 면죄부를 사면 천국에 갈 수 있습니다."

독일의 한 성직자가 면죄부를 팔고 있었어요. 면죄부는 천국에 갈 수 있다는 증서랍니다.

"나 먼저 주시오."

사람들은 서로 먼저 사겠다고 아우성이었지요.

"돈이 없어 면죄부를 살 수가 없어. 천국에 못 가면 어떡하지?"

면죄부를 못 산 사람은 실의에 빠졌어요.

며칠 뒤 성당 앞에 커다란 벽보가 붙었어요. 벽보에는 면죄부에 반대하는 '95개의 반박문'이 적혀 있었지요.

"돈 있는 사람만 천국에 갈 수 있다는 말인가? 그럼 왜 면죄부를 산 사람들은 아직까지 천국에 가지 못하고 있는가? 하느님의 은총은 예배를 통해서만 받을 수 있지, 돈으로 받을 수 있는 것은 아니다."

이 벽보는 누가 썼을까요?

그리고 성당의 성직자들은 왜 면죄부를 팔았을까요?

교황은 낡은 베드로 성당을 다시 짓고 싶었지만 돈이 없었어요. 그래서 기독교 신자들에게 면죄부를 사면 천국에 갈 수 있다며 면죄부를 팔았답니다. 독일의 '루터'라는 사람은 면죄부를 파는 것이 나쁜 일이라며 교황을 비판했고, 그 내용을 써서 벽보로 붙였어요.

교황은 루터를 불러 벽보 내용을 취소하라고 했어요. 하지만 루터는 진정한 믿음은 성경책에 있다며 교황에게 대들었어요. 그리고 중요한 것은 예배를 통해 스스로 하느님의 가르침을 얻는 것이라고 말했지요. 교황의 가르침을 무조건 받아들일 필요는 없다는 것이었지요.

교황의 말을 하느님 말처럼 따랐던 유럽 사람들에게 루터의 주장은 새롭게 들렸어요. 그래서 사람들은 기독교에 대해 새롭게 생각했어요. 종교를 개혁해야 한다는 루터의 생각에 많은 사람들이 뜻을 같이했어요. 당시 교회가 권력을 이용해서 사람들을 괴롭혀 왔기 때문이지요.

루터처럼 교황과는 다른 기독교를 주장하던 운동을 '종교 개혁'이라고 해요. 결국 교황은 루터처럼 기독교를 개혁하자는 사람들을 기존의 기독교에서 떼어 냈어요. 교황을 중심으로 한 기독교를 '가톨릭교'라고 하고, 종교를 개혁해 교황에게서 분리된 기독교를 '신교'라고 하지요. 지금까지도 가톨릭교는 성당에서, 신교는 교회에서 따로 예배를 본답니다.

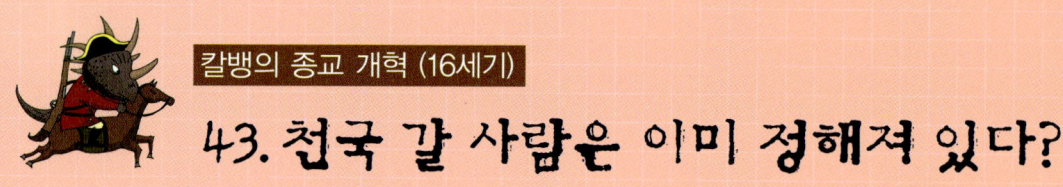

칼뱅의 종교 개혁 (16세기)

43. 천국 갈 사람은 이미 정해져 있다?

　스위스에 사는 '칼뱅'이라는 사람 집에는 많은 사람들이 함께 살았어요. 그들은 함께 예배를 보고 성경책을 읽으며 지냈지요.
　"교황은 면죄부를 사라고 하는데 그건 쓸데없는 소리입니다. 면죄부를 사는 데 돈을 낭비할 필요가 없어요. 우리는 절약해야 합니다. 절약만이 천국에 갈 수 있는 방법입니다."
　칼뱅의 설교를 듣는 사람들의 분위기는 엄숙했어요. 이때 문을 두드리는 소리가 들렸어요. 설교를 듣고 있던 소년이 일어나 문을 여니 청년이 서 있었어요.
　"어떻게 오셨습니까?"
　"칼뱅 선생님께 여쭈어 볼 말씀이 있어서 멀리서 이곳까지 왔답니다."
　소년은 청년을 칼뱅에게 안내했어요.
　"선생님은 하느님이 천국에 갈 사람을 미리 정해 놓았다고 했는데, 그렇다면 정해져 있지 않은 사람은 아무리 노력해도 천국에 갈 수 없다는 말씀인가요?"
　칼뱅은 청년의 질문을 못 들은 듯 눈을 감고 있었어요. 잠시 뒤 칼뱅은 소년을 불렀어요.
　"이 청년을 가두고 3일 동안 먹을 것을 주지 마라."
　사람들은 당황한 청년을 어두운 창고에 가두었답니다.
　칼뱅은 어떤 사람이었기에 청년을 가두었을까요?

　칼뱅도 루터처럼 종교를 개혁해야 한다고 주장한 사람이었답니다. 칼뱅은 루터의 영향을 받았지만 루터와는 다른 주장을 펼쳤어요. 그는 천국에 갈 사람은 태어날 때부터 미리 정해져 있기 때문에 면죄부를 사도 소용이 없다고 말했어요. 또 부자들은 거의 천국에 갈 수 있다고 했지요. 이러한 칼뱅의 주장을 '예정설'이라고 해요.

칼뱅은 절약과 근면을 가장 중요하게 여겼어요. 칼뱅을 따르는 사람은 상인이나 공장을 운영하는 부자들이었어요. 그들은 지역 주민 대부분이 칼뱅을 따르는 스위스에 모여 살면서 스스로 도시를 다스렸어요. 하지만 칼뱅은 자신의 주장에 질문을 던지거나 복종하지 않는 사람에게 심한 벌을 내리는 등 무척 엄격했답니다.

칼뱅의 주장은 프랑스, 네덜란드, 영국 등에 영향을 주었어요. 루터나 칼뱅처럼 종교 개혁을 하자는 사람들 가운데 프랑스 사람들을 '위그노'라고 하고, 영국 사람들을 '청교도'라고 한답니다.

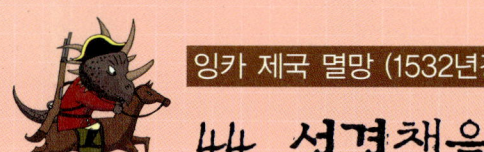

잉카 제국 멸망 (1532년경)

44. 성경책을 찢어 버려 멸망한 나라?

스페인의 큰 배가 남아메리카의 인디오 나라에 도착했어요.
"당신들과 친하게 지내고 싶소. 만찬을 함께하고 싶은데 초대에 응해 주시오."
스페인 선원들은 맛있는 음식을 준비했어요.
"다 같이 기도합시다."
음식을 앞에 두고 스페인 선장은 두 손을 모았어요.
인디오 왕은 어리둥절했어요.
"당신들도 만물을 창조하신 하느님을 믿으시오."
"아니오. 만물을 창조한 건 바로 태양신이오."
인디오 왕이 반발하자 스페인 선장은 성경책을 내밀었어요.
"여기 증거가 있소."
"하하! 이게 무슨 증거가 된단 말이오."
인디오 왕은 성경책을 찢어 버렸어요. 화가 난 스페인 선원들은 인디오 왕을 잔인하게 죽이고 나라를 멸망시켰답니다. 이렇게 멸망한 인디오 나라는 어디일까요?

남아메리카에는 아스테카 제국과 잉카 제국이 있었어요.
잉카 민족은 기원전 2000년경에 나타나 남아메리카에 통일 국가를 만들었어요. 잉카 제국은 문명이 매우 발달한 나라였답니다. 도시 곳곳에 도로가 연결되어 있었고 화려한 직물

위대한 잉카 문명이 파괴되다니….

이나 금장식이 많았어요. 또 뇌 수술을 할 정도로 의학이 발달했지요.

그런데 콜럼버스가 남아메리카를 발견한 이후 스페인 사람들은 아스테카 제국을 공격해 멸망시켰어요. 그 뒤 1532년에는 잉카 제국마저 멸망시켜 스페인은 남아메리카 전체를 지배하게 되었답니다.

남아메리카를 정복한 스페인은 그곳에 살고 있던 원주민에게 기독교를 알린 뒤 남아메리카 땅을 개발했지요. 원래 아스테카와 잉카 제국에 살았던 원주민은 자기들의 땅을 빼앗기고 스페인 사람들의 노예가 되었어요.

스페인은 원주민에게 주로 금 캐는 일을 시켰어요. 그런데 일을 너무 많이 시켰기 때문에 많은 원주민은 일을 하다가 죽어 갔어요. 일손이 부족해지자 스페인은 아프리카 흑인들까지 데려와 노예로 삼았답니다. 스페인의 무분별한 개발로 위대한 아스테카와 잉카 문명의 흔적은 점점 사라졌답니다.

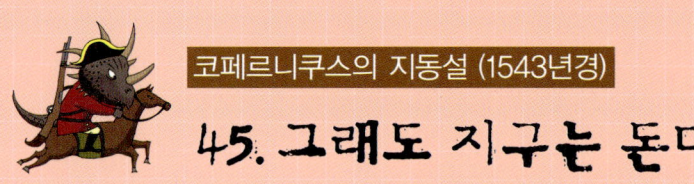

코페르니쿠스의 지동설 (1543년경)

45. 그래도 지구는 돈다?

스스로 발명한 망원경을 가지고 날마다 하늘을 바라보는 사람이 있었어요. 그의 이름은 갈릴레오 갈릴레이예요. 갈릴레이는 하늘을 관찰하면서 하늘의 원리를 하나씩 깨달아 갔어요.

'저 별은 왜 저쪽으로 움직이는 걸까?'

하늘을 알면 알수록 더 어려운 질문을 던지는 것 같았어요. 그는 의문이 생길 때마다 방으로 들어가 하늘에 대한 책을 이것저것 들춰 보았어요.

"으음, 아무래도 지구가 돈다는 이론이 맞는 것 같군."

갈릴레이는 고개를 끄덕이고는 하늘에 대한 책을 쓰기 시작했답니다. 얼마 뒤 출판된 갈릴레이의 책은 사람들에게 인기가 높았어요. 하지만 교황은 사람들이 그 책을 읽지 못하도록 판매를 금지시켰어요.

며칠 뒤 갈릴레이는 종교 재판소 직원들에게 끌려갔어요.

"너의 주장을 굽히지 않으면 죽임을 당하게 된다. 그래도 지구가 돈다고 생각하느냐?"

재판소 직원의 말에 갈릴레이는 마음이 흔들렸어요.

"아니요. 지구는 돌지 않습니다."

갈릴레이는 거짓말을 하고 풀려났어요. 재판정을 나선 갈릴레이는 하늘을 바라보며 나직이 말했지요.

"그래도 지구는 돈다."

갈릴레이는 왜 종교 재판을 당했을까요?

또 왜 거짓말을 했을까요?

　16세기까지 사람들은 태양과 다른 별들이 지구를 중심으로 돌고 있다고 믿었어요. 이것은 옛날 '프톨레마이오스'라는 사람이 주장한 '천동설'이라는 이론이지요.
　그런데 1543년에 '코페르니쿠스'라는 사람이 지구와 다른 별들이 태양을 중심으로 돈다고 주장해서 사람들을 놀라게 했어요. 이러한 주장을 '지동설'이라고 한답니다.
　교황은 지동설이 터무니없을 뿐 아니라 신에게 도전하는 주장이라고 판단했지요. 지동설은 하느님이 창조한 지구가 아닌, 태양을 우주의 중심으로 생각했기 때문이지요. 교황은 지동설을 주장하는 과학자들을 종교 재판에서 판결해 죽음에 이르게 했답니다. 갈릴레이가 거짓으로 지구가 돌지 않는다고 고백한 것도 이런 사연 때문이에요.
　하지만 과학자들은 관찰과 실험의 과학적 방법을 통해 코페르니쿠스가 주장한 지동설을 보충해 마침내 지동설이 진리임을 증명했지요. 지동설은 과학을 발전시켰고 사람들에게 과학적인 사고를 심어 주었답니다.

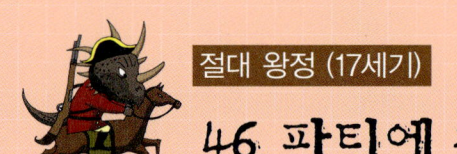

절대 왕정 (17세기)

46. 파티에 참석하지 않으면 관리도 될 수 없다?

아름다운 음악과 함께 화려하게 차려 입은 사람들이 춤을 추었어요. 그 광경을 바라보며 왕은 흐뭇한 표정을 지었어요.

"짐 없이 국가는 없다. 짐은 곧 국가다."

'짐'은 왕이 자기 자신을 가리키는 말로, 이렇게 말한 왕은 프랑스의 루이 14세였지요.

"옳습니다."

귀족들이 루이 14세에게 아첨을 했어요.

"그런데 재무장관이 보이지 않는군."

"그는 오늘 할 일이 있어 참석을 못했나이다."

"그래? 고얀 놈!"

파티는 새벽 한 시까지 계속되었어요. 파티가 끝나자 귀족들은 피곤에 지쳐 방으로 돌아갔어요.

다음 날 아침, 재무장관이 루이 14세를 만나러 왔어요.

"밤새 안녕하셨습니까?"

"당신은 누구시오? 처음 보는 얼굴인 걸 보아 이 궁전 사람이 아닌가 보구려."

루이 14세는 파티에 참석하지 않은 재무장관을 모른 체했어요. 그날 이후 재무장관은 관직에서 쫓겨나 궁전을 떠났답니다.

루이 14세는 왜 파티를 이렇게까지 중요하게 생각했을까요?

1643년에 왕이 된 루이 14세는 왕이 절대적인 권력을 가져야 나라가 잘될 수 있다고 생각했어요. 베르사유 궁전에서 날마다 열리는 파티는 루이 14세의 권력을 나타내는 자리였지요. 파티는 귀족들을 사치와 낭비에 젖게 했어요. 가난해진 귀족들은 왕에게 굽실거렸고 루이 14세는 절대적인 권력을 가질 수 있었지요.

　루이 14세는 옛날부터 관리로 일해 오던 훌륭한 가문의 귀족들을 쫓아내고 자신의 말을 잘 따르는 사람을 새로운 관리로 뽑았어요. 이들은 주로 장사로 돈을 모아 부자가 된 사람들로, 스스로 공부해 실력을 키웠답니다.

　새로운 관리들은 유럽 학자들 사이에 인기가 높았던 학문을 잘 알고 있었는데, 그것은 바로 '왕권신수설' 이라는 이론이랍니다. 왕권신수설이란 왕이라는 자리를 신이 내려 주었다는 뜻이지요. 이렇게 왕이 절대적인 권력을 가진 왕정을 '절대 왕정' 이라고 한답니다.

영국의 청교도 혁명 (1642년)

47. 왕이 높을까, 시민이 높을까?

칠흑같이 어두운 방, 감옥에 갇힌 영국 왕 찰스 1세에게 아들이 면회를 왔어요. 찰스 1세는 한숨을 내쉬며 당부했어요.

"아들아, 만약 누가 너에게 왕이 되라고 해도 절대로 왕이 돼선 안 된다. 왕이 되면 넌 곧 죽게 될 거야."

아버지와 아들은 마지막 밤을 눈물로 지새웠어요.

다음 날 아침, 간수들은 싸늘한 기운이 가득한 광장으로 찰스 1세를 데리고 갔어요. 그곳에는 찰스 1세의 처형을 보기 위해 많은 시민들이 모여 있었어요.

"시민이 왕을 재판하다니……. 너희들도 법을 어기고 있어. 내가 죽으면 이 땅에는 자유와 정의가 사라지게 될 거다!"

찰스 1세는 광장에 모여 있는 시민들에게 소리를 쳤어요.

형은 집행되어 찰스 1세의 목이 베어졌어요. 간수는 베어진 찰스 1세의 머리를 들어 시민들에게 보였어요.

영국의 왕 찰스 1세는 왜 처형당했을까요?

찰스 1세는 의회를 무시하고 혼자 정치를 했기 때문에 처형당했답니다. 의회란 지금의 국회와 같은 곳으로 국민을 대표해 왕과 함께 정치를 하는 기관이지요.

당시 영국은 나라에 돈이 별로 없었어요.

흥청망청 돈을 헤프게 쓰던 찰스 1세는 돈이 필요할 때마다 시민들에게 세금을 거두려고 했어요. 시민을 대표하는 의회는 제멋대로 정치를 하는 왕의 버릇을 고치기 위해 글을 썼어요. 이 글을 '권리 청원'이라고 해요. 여기에는 왕이 의회의 동의 없이 세금을 걷거나 죄 없는 사람들을 감옥에 보내지 못한다는 내용이 적혀 있었지요.

화가 난 찰스 1세는 의회를 없애고 11년 동안 혼자 정치를 했답니다. 하지만 돈이 필요해지자 다시 의회를 소집했어요. 의원들은 찰스 1세를 비난했고 왕이 의회를 없애지 못하도록 법을 만들었어요. 골치가 아파진 찰스 1세는 군대를 통해 다시 의회를 없애려고 했어요. 의회도 자신들의 군대를 모아 왕의 군대와 싸움을 벌였어요.

이 싸움에서 승리한 의회는 찰스 1세를 처형시켰답니다. 이 사건을 '청교도 혁명'이라고 해요. 당시 의회 의원들이 대부분 청교도 신자였기 때문에 이런 이름이 붙은 거지요. 영국은 청교도 혁명으로 왕보다 의회의 권력이 더 높은 나라가 되었답니다.

러시아의 표트르 1세 즉위 (1682년)

48. 러시아 황제는 왜 공장에서 일했을까?

네덜란드의 배 만드는 공장에 일을 아주 열심히 하는 러시아 청년이 있었어요.

"아저씨, 배를 만들려면 맨 처음 뭘 해야 해요?"

"자, 내가 하는 걸 잘 보렴. 먼저 이 나무를 이렇게……."

청년은 아저씨의 설명을 열심히 들었어요.

휴식 시간이 되자 일꾼들은 모여서 수다를 떨었어요.

"러시아 황제가 변장을 하고 돌아다닌다더군."

"나도 그 소식 들었네. 키가 크다던데 혹시 저 청년이 러시아 황제 아닐까?"

아저씨는 키가 큰 러시아 청년의 신분을 의심스러워했어요.

"혹시 표트르 황제가 아니십니까?"

아저씨는 청년에게 물었어요.

"어떻게 그걸 아셨어요?"

그제야 아저씨는 청년에게 고개를 숙였어요.

"아이고, 황제님이 왜 이렇게 누추한 공장에서 일을 하고 계신지요?"

러시아는 중앙아시아 지역을 돌아다니던 몽골 족에게 200년 동안이나 지배를 받았어요. 그래서 러시아 사람들은 몽골 족과 같은 모습을 하고 있었어요.

1682년 러시아 황제가 된 표트르 1세는 나라가 강해지려면 영국, 프랑스 등 서유럽에 있는 나라들과 비슷해져야 한다고 생각했어요. 그래서 서유럽 여러 곳을 다니며 그곳의 풍습과 기술을 배웠지요.

여행을 마치고 러시아로 돌아온 표트르 1세는 러시아의 모든 것을 서유럽처럼 바꾸었어요. 먼저 러시아 사람의 겉모습을 서유럽 사람처럼 바꾸기 위해 긴 머리와 수염을 잘랐어요. 그리고 입고 있던 몽골 족의 옷을 벗고 서유럽처럼 양복을 입었어요.

이제 표트르 1세는 서유럽의 부유한 나라들과 무역을 해야 한다고 생각했어요. 그러기 위해서는 항구가 필요했어요. 하지만 러시아에서 서유럽으로 통하는 '발트 해'를 스웨덴이 차지하고 있었지요. 표트르 1세는 군대의 힘을 기르고 배를 만들고는 발트 해를 차지하기 위해 스웨덴과 전쟁을 했어요. 이 전쟁을 '북방 전쟁'이라고 해요.

북방 전쟁에서 승리를 거둔 러시아는 유럽의 새로운 강대국으로 떠올랐답니다.

영국의 명예혁명 (1688년)

49. 왕이 바뀐 명예로운 사건?

"여봐라, 밖이 왜 이렇게 시끄러우냐?"

영국의 왕 제임스 2세가 관리에게 물었어요.

"네덜란드 총독이 왕궁으로 오고 있습니다."

"허허허, 사위가 온다고? 그럼 성대한 파티를 준비하도록 해라."

"그게 아니오라……."

관리는 한참을 머뭇거리다가 입을 열었어요.

"그가 영국의 왕이 되기 위해 많은 군대를 이끌고 온다고 합니다. 우리로서는 도저히 막을 길이 없으니 어서 자리를 피하십시오."

"아니, 어떻게 사위가 내 자리를 넘본단 말이냐?"

왕은 믿을 수가 없었지만 왕궁은 이미 네덜란드 군인들로 가득했답니다.

그때 공주가 왕 앞에 나섰어요.

"아버지, 저는 여기 남겠어요. 저는 형부가 영국의 왕이 되는 것이 좋다고 생각합니다."

왕은 당황했어요. 하지만 공주뿐만 아니라 영국의 군대도 네덜란드 총독의 편을 들었지요. 결국 왕은 혼자서 도망갔답니다.

네덜란드 총독은 왜 장인어른을 내쫓고 영국의 왕이 되었을까요?

영국의 왕이었던 제임스 2세는 의회를 없앴을 뿐만 아니라 국민들에게 가톨릭교를 믿으라고 명령했어요. 청교도이거나 영국 국교회를 종교로 갖고 있던 의회의 의원들은 왕에게 화가 났어요. 그래서 네덜란드 총독이었던 윌리엄에게 영국의 왕을 맡아 달라고 부탁했어요. 왕이 바뀌는 큰 사건이 일어났지만 아무도 싸우거나 피를 흘리지 않았어요. 그래서 이 사건을 '명예혁명'이라고 한답니다.

하지만 윌리엄은 영국의 사정을 잘 몰라서 나랏일을 모두 의회에 맡겨 버렸지요. 의회는 법을 만들고 의원들을 시민의 선거로 뽑을 수 있게 했어요. 또 왕이 의회가 만든 법을 없애지 못한다는 내용을 문서로 만들었어요. 이 문서를 '권리 장전'이라고 해요.

이렇게 왕은 있지만 법에 따라 정치를 하는 것을 '입헌 군주제'라고 해요. 입헌 군주제를 실시함으로써 영국은 좀 더 민주적인 나라가 되었답니다.

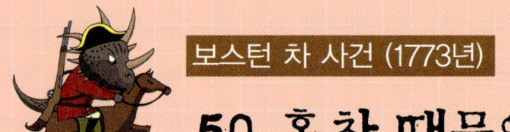

보스턴 차 사건 (1773년)

50. 홍차 때문에 독립한 나라?

　북아메리카 대륙에 '보스턴'이라는 항구가 있었어요. 이곳은 영국에서 수입한 물건이 들어오는 항구였지요.
　한밤중에 인디언 복장을 한 사람들이 보스턴 항구로 갔어요.
　"홍차 때문에 우리가 자유롭지 못한 거야."
　"영국 놈들, 어디 맛 좀 봐라."
　그들은 항구에 머물러 있는 배로 살금살금 들어가 배 안을 샅샅이 뒤졌어요.
　"어디에 숨겨 놨을까?"
　"여기 있다."
　사람들은 차곡차곡 쌓여 있는 홍차 상자를 찾아냈어요.
　풍덩, 풍덩!
　그들은 홍차 상자를 바닷속으로 던졌어요.
　"우와, 속 시원하다."
　사람들은 34개의 상자들을 모두 바닷속으로 던진 다음 슬며시 배를 빠져나왔어요. 아침이 되자 선장은 바다에 떠다니는 홍차 상자들을 보았어요.
　"누구야? 누가 차를 모두 바닷속에 던졌어?"
　선장은 울상을 지었답니다. 차를 모두 바다에 빠뜨린 사람들은 누구일까요?
　왜 그들은 그런 일을 했을까요?

　홍차를 바다에 던져 버린 사람은 북아메리카 땅에 살고 있는 사람들이랍니다. 그들은 원래 영국 사람들이었는데 종교와 정치의 자유를 찾아 북아메리카로 건너왔지요.
　영국은 북아메리카 땅을 영국 땅이라 생각하고 북아메리카 사람들에게 세금을 거두어 갔

답니다. 북아메리카 사람들은 영국이 세금을 거두는 것을 반대했어요. 그래서 영국에서 들어오는 세금이 붙은 상품을 사지 않기로 했어요.

그러자 영국은 홍차에 대한 대금만 빼고 나머지 세금을 모두 없앴어요. 북아메리카 사람들은 홍차에 대한 세금마저 없애기를 바랐어요. 그래서 인디언으로 변장을 하고 영국에서 북아메리카로 들어오는 보스턴 항구에 정박한 배에 실린 홍차를 바다에 던졌던 거지요. 이 사건을 '보스턴 차 사건'이라고 해요.

화가 난 영국은 보스턴 항구를 막아 버렸답니다. 북아메리카의 대표들은 회의를 열어 영국에 소속되지 않은 자기들만의 나라를 만들기로 선언했어요. 이것을 '독립 선언'이라고 한답니다.

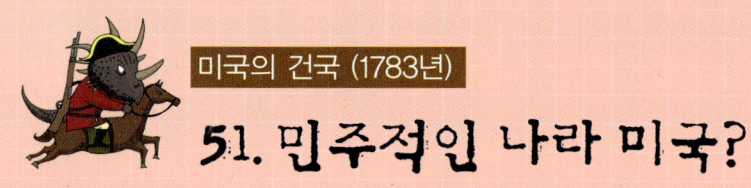

미국의 건국 (1783년)

51. 민주적인 나라 미국?

북아메리카 대륙에 북소리가 들렸어요.
"와, 천지가 바뀌었다. 새 세상이 열렸다!"
사람들은 저마다 국기를 흔들며 광장으로 몰려들었어요.

깃발을 거꾸로 든 영국 군인들이 줄지어 나왔어요. 영국 군인들은 환호성을 지르는 사람들과는 달리 슬픈 표정을 짓고 있었어요. 영국군 행렬의 가장 앞에 서 있는 장군은 두 손으로 칼을 받치고 있었어요.

영국 장군은 단상 앞에 서 있던 '워싱턴'이라는 남자에게 칼을 내밀었어요. 워싱턴은 영국 장군에게 칼을 받고는 단상 앞으로 나와 사람들을 향해 말했어요.

"우리는 승리했습니다. 이제 우리는 자유롭고 평등한 나라를 만들 것입니다."
"와아!"

사람들은 환호와 함께 기쁨의 눈물을 흘렸어요.
이들이 만든 나라는 어디일까요?

북아메리카는 원래 영국의 식민지였어요. 그런데 북아메리카 사람들은 영국에게서 독립하겠다고 선언했어요. 그러자 영국은 북아메리카 대륙을 공격했어요. 북아메리카 사람들은 '조지 워싱턴'을 사령관으로 내세워 군대를 만들고는 영국과 맞서 싸웠답니다. 이 전쟁을 '독립 전쟁'이라고 해요.

　처음에 전쟁에서 우세했던 영국은 점점 힘을 잃었어요. 프랑스, 스페인, 네덜란드가 북아메리카 편이 되었기 때문이지요. 그 나라들은 영국이 강한 나라가 되는 것을 원치 않아 북아메리카 편에 섰던 거예요. 결국 전쟁은 북아메리카의 승리로 끝났어요. 1783년 영국은 파리 조약을 맺어 북아메리카의 독립을 인정했답니다. 독립한 북아메리카는 13개로 나뉘어져 있던 지역을 합쳐서 하나의 나라를 만들기로 했어요. 이렇게 해서 '미국'이라는 나라가 생겼답니다.

　미국은 왕을 뽑지 않는 대신 일정 기간 동안 나라를 운영하는 대통령을 뽑았어요. 가장 처음 미국의 대통령이 된 사람은 조지 워싱턴이랍니다. 미국은 또 국민을 대표해 법을 만드는 의회와 법에 따라 나랏일을 실행하는 행정 기관을 두어 서로 간섭하지 못하게 했어요. 법을 지키지 않은 사람들을 처벌하는 법원도 따로 두었답니다. 이것을 '삼권 분립'이라고 해요. 삼권 분립으로 미국은 민주적인 정치를 하게 되었답니다.

프랑스 혁명 (1789~1794년)

52. 감옥의 죄수를 풀어 주자고?

이른 아침부터 프랑스 사람들은 골목으로 나와 이야기를 나누었어요.

"소식 들었어요? 우리의 대표들이 테니스 코트에 갇혔대요."

사람들은 불안한 표정을 지었어요.

"왕에게 바른말을 할 사람이 있어야 할 텐데."

"이젠 방법이 없소."

노인은 고개를 가로저었어요.

"여기서 포기할 수는 없습니다. 우리라도 나서서 테니스 코트에 갇혀 있는 대표들을 구해 내야 해요."

침묵을 깨고 한 청년이 목소리를 높여 말했어요.

사람들이 하나둘씩 자리에서 일어났어요.

"먼저 바스티유 감옥으로 가서 죄수들을 풀어 줍시다. 그곳의 죄수들은 왕에게 바른말을 하다가 잡혀 간 사람들이오."

"그곳엔 온갖 무기도 있어요. 왕궁으로 가려면 무기가 필요해요."

바스티유 감옥에 도착한 사람들은 감옥을 부수고 들어가 죄수들을 풀어 주었어요. 그러고는 감옥에 있던 무기를 들고 죄수들과 함께 왕궁으로 갔답니다.

프랑스 사람들은 왜 이런 일을 했을까요?

프랑스는 모든 사람을 세 개의 신분으로 나누었어요. 제1신분은 성직자, 제2신분은 귀족, 나머지 사람들은 모두 제3신분에 속했답니다.

프랑스에는 1, 2, 3신분의 대표들이 모여 정치에 참여하는 '삼부회'라는 기관이 있었어요. 하지만 프랑스 왕들은 삼부회 회의를 열지 않고 혼자 정치를 해 왔답니다.

그런데 루이 16세가 가난에 허덕이는 시민들에게 세금을 거두려고 삼부회 회의를 다시 열었어요. 1, 2신분은 한편이 되어 제3신분의 의견을 받아들여 주지 않았어요. 화가 난 제3신분의 사람들은 자기들끼리 따로 '국민 의회'라는 단체를 만들었어요. 국민 의회는 왕에게 법을 만들어 법대로 정치할 것을 요구했어요. 국민 의회는 회의장에서 쫓겨났지만 테니스 코트에 모여 왕이 헌법을 만들 때까지 돌아가지 않기로 결심했답니다.

시민들은 자신들의 대표인 국민 의회를 구하고 왕을 내쫓기 위해 궁전으로 몰려갔지요. 이렇게 시작된 사건을 '프랑스 혁명'이라고 한답니다.

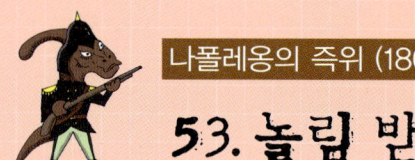

나폴레옹의 즉위 (1804년)

53. 놀림 받던 소년이 황제가 되기까지?

여러 명의 소년들이 '나폴레옹'이라는 소년을 둘러쌌어요.

"너, 이거 읽어 봐."

한 소년이 책을 쥐어 주자 나폴레옹은 더듬거리며 읽었어요.

"에이, 촌놈! 그거 하나 제대로 못 읽고. 나폴레옹은 촌놈이래요."

소년들은 나폴레옹을 놀려 댔어요.

"난 너희들하고 고향이 달라. 그래서 잘 못 읽는 거야."

나폴레옹이 큰 소리로 말했지만 아이들의 놀림은 그칠 줄 몰랐어요.

"아버지, 다른 학교로 전학 가면 안 돼요?"

집으로 돌아온 나폴레옹은 아버지를 졸랐어요.

"넌 꼭 프랑스에서 교육을 받아야 해. 우리 고향은 프랑스의 식민지이기 때문에 여기서 학교를 다니지 않으면 큰사람이 못 된단다."

'그래, 난 꼭 너희들보다 더 훌륭한 사람이 되고 말 거야!'

나폴레옹은 주먹을 불끈 쥐고 다짐했어요.

세월이 흘러 나폴레옹은 프랑스의 육군 사관 학교에 들어가 군인이 되었어요. 마침 다른 나라에서 프랑스를 쳐들어왔어요. 나폴레옹은 전쟁에 나가 프랑스를 지키고 마침내 황제가 되었답니다.

나폴레옹은 어떻게 황제가 되었을까요?

나폴레옹이 육군 사관 학교에 다녔을 때는 프랑스 혁명으로 왕이 처형된 직후였어요. 이웃 나라의 왕들은 프랑스 혁명이 자기 나라에까지 영향을 줄 것을 걱정해 프랑스를 공격해 왔지요. 나폴레옹은 이탈리아, 오스트리아와의 전쟁에서 승리했어요.

다섯 명의 총재들이 정치를 하던 프랑스의 시민들은 강력한 지도자를 원했어요. 그래서 나폴레옹을 총재로 뽑았답니다. 하지만 나폴레옹은 이에 만족하지 않고 황제가 되었지요.

나폴레옹은 유럽 여러 나라를 손아귀에 쥐고 있었지만 영국만은 지배하지 못했어요. 그래서 유럽 여러 나라들에게 영국과 무역을 하지 말라고 명령했어요. 이 명령을 '대륙 봉쇄령'이라고 해요. 하지만 러시아는 이 명령을 어기고 영국과 무역을 했답니다. 화가 난 나폴레옹은 러시아를 공격했지만 패배하고 말았지요. 돌아오는 길에 나폴레옹은 영국 군인에게 잡혀 멀리 있는 엘바 섬으로 보내졌답니다.

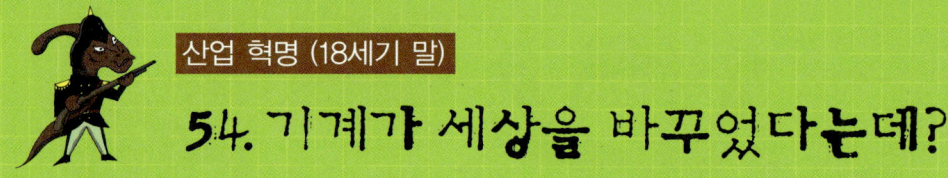

산업 혁명 (18세기 말)

54. 기계가 세상을 바꾸었다는데?

영국에 '제임스 와트'라는 소년이 살았어요. 와트는 날씨가 추워 난로 앞에 쭈그리고 앉아 불을 쬐고 있었어요.

덜그럭, 덜그럭!

난로 위에 올려놓은 주전자 뚜껑이 들썩거렸어요. 와트는 주전자 뚜껑이 움직이는 게 이상했어요.

"할머니, 주전자 뚜껑이 왜 움직이지요?"

"물이 끓으면 수증기가 올라오기 때문에 덜그럭거리는 거야."

"이야, 수증기는 힘이 세구나. 신기하다."

대학에 가서도 와트는 틈만 나면 주전자로 실험을 했어요. 그러던 어느 날, 와트는 놀라운 발명을 했어요.

"교수님, 커다란 주전자에 물을 끓이고 여기서 올라오는 수증기를 한곳으로 보내면 엄청나게 큰 힘이 됩니다. 이 힘은 커다란 마차를 움직이고 공장의 기계들도 작동시킬 수 있어요."

와트의 발명은 세상을 바꾸었답니다.

와트의 주전자는 세상을 어떻게 바꾸었을까요?

영국은 북아메리카 대륙에서 목화를 들여와 면직물로 만들어 내는 공업이 발전했어요. 18세기에 들어서면서 영국의 면직물 수출은 빠른 속도로 늘어났어요. 그때는 기계도 공장도 없어 사람들이 집에서 간단한 도구를 이용해 손으로 직접 면직물을 만들었어요. 이러한 공업을 '매뉴팩처'라고 해요.

사람들은 좀 더 빨리 많은 면직물을 만들 수 있는 방법을 연구했어요. 여러 사람의 연구

끝에 면직물을 만들어 내는 데 필요한 기계들이 만들어졌어요. 부자들은 기계를 사들여 여러 사람들을 한곳에 모아 놓고 기계를 돌리게 했어요. 이러한 장소가 공장이 된 것이지요. 공장에선 주로 물을 이용해 기계를 돌렸어요. 이 방법은 돈이 많이 들었고 한꺼번에 많은 기계를 돌릴 수 없었답니다.

그러다가 와트가 증기 기관을 발명했어요. 증기 기관이란 수증기를 이용해 기계를 작동시킬 수 있는 모터 같은 것이지요. 이제 공장은 증기 기관을 이용해 기계를 돌릴 수 있었어요. 이 방법은 적은 돈으로 많은 기계를 돌릴 수 있었답니다.

농사를 짓던 사람들은 공장에 취직하거나 직접 공장을 운영하기 시작했어요.

이렇게 사람 손으로 물건을 만들던 것을 기계가 대신하게 되면서 농업 중심의 사회가 공업 중심의 사회로 변하게 된 것을 '산업 혁명'이라고 해요. 영국은 산업 혁명을 통해 공업이 발달한 부자 나라가 되었답니다.

자본주의 사회 형성 (19세기경)

55. 어린이들은 왜 공장에서 일해야 했을까?

날이 밝아 오자 아저씨가 집집마다 유리창을 두드렸어요.
"일어나. 공장에 갈 시간이다."
여덟 살 아이는 잠이 덜 깬 눈을 비볐어요.
아이는 작업복을 챙겨 입고 집을 나섰어요. 지저분한 골목을 지나 큰 길이 나오자 아저씨가 기다리고 있었어요.
"왜 이렇게 늦었냐? 이러면 월급을 깎을 테다."
"아저씨, 제발 한 번만 봐주세요."
아저씨는 이미 모여 있는 여러 명의 아이들과 함께 공장에 데려다 주었어요. 아이들은 공장에서 기계를 돌리며 일했어요. 점심시간을 알리는 종이 울리자 하루 종일 굶주린 아이들의 얼굴에 웃음꽃이 피었어요. 아이들은 식당으로 갔어요.
"밥 좀 더 주세요."
"안 돼."
식당 아주머니는 겨우 목숨을 이어갈 정도로 적은 양의 밥을 주었답니다. 아이들은 밥을 먹자마자 다시 공장으로 돌아가 일을 했어요. 별이 보일 때까지 일을 한 뒤 집으로 돌아오는 아이들의 어깨는 축 처져 있었어요.
왜 어린이들은 공장에 나가서 일을 해야 했을까요?

18세기 영국에서 시작된 산업 혁명은 사회를 크게 변화시켰답니다.
농사짓던 땅은 줄어들고 그 자리에 공장이 들어섰어요. 돈이 많은 사람들은 공장을 지어 주인이 되었고 가난한 사람들은 공장에서 일해 돈을 벌었어요.
공장 주인을 '자본가'라고 하고 공장에서 돈을 받으며 일하는 사람을 '노동자'라고 하지

요. 이렇게 노동자와 자본가가 경제의 중심이 되는 사회를 '자본주의'라고 한답니다.

산업 혁명 당시 자본가들은 많은 돈을 벌고 싶어 했어요. 물건을 만드는 데 들어가는 돈이 적을수록 물건을 팔아 남는 돈이 많아지기 때문에 노동자에게 주는 돈을 최대한 줄이려고 했어요. 어린이나 여자는 어른 남자보다 돈을 적게 주어도 되었기 때문에 공장에선 어린이나 여자를 일꾼으로 썼어요.

일자리를 잃은 어른 남자들은 거리를 헤매야 했지요. 산업 혁명은 부자를 더욱 부자로 만들었지만 가난한 사람들은 점점 더 가난해졌답니다.

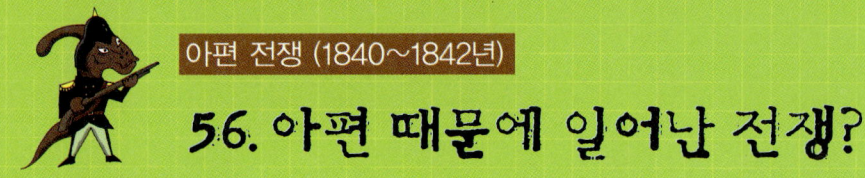

아편 전쟁 (1840~1842년)

56. 아편 때문에 일어난 전쟁?

중국 청나라의 한 청년이 영국 사람이 운영하는 가게에 들렀어요.

"아편 좀 주세요."

가게 주인은 고개를 저었어요.

"이제 아편을 팔 수 없게 됐어. 이 마을에 새로 온 총독이 편지를 보내왔더군. 아편을 팔다가 들키면 사형을 시키겠대."

"총독에게 뇌물을 주면 되잖아요."

청년의 말에 귀가 솔깃해진 가게 주인은 아편 1천 상자를 들고 총독을 찾아갔어요.

"헤헤, 아편을 팔게 해 주십쇼. 대신 이 아편을 한번 피워 보세요."

"어림없는 소리. 그거 말고 더 숨겨 놓은 게 있다는 걸 다 알고 있다. 가지고 있는 걸 모두 내놔라."

총독이 뇌물을 거절한 사실은 입에서 입으로 전해졌어요. 영국 상인들은 총독에게 들킬까 봐 아편을 꼭꼭 숨겼어요. 그러자 총독은 영국 상인들을 가두어 버렸답니다.

"아이고, 배고파!"

며칠이 지나자 영국 상인들은 참다못해 총독에게 아편을 내놓았어요. 아편은 자그마치 2만 상자나 되었답니다.

"물가에 구덩이를 파고 아편을 모두 처넣어라."

총독은 왜 아편을 물에 버렸을까요?

영국은 중국 청나라에 은을 주고 홍차를 수입했어요. 청나라에 은을 주는 것이 아까웠던 영국은 청나라에 아편을 팔았어요. 아편은 중독이 되는 약품이기 때문에 한번 맛을 들이면 쉽게 끊을 수 없었지요. 아편에 중독된 청나라 사람들은 아편을 사기 위해 은을 냈고, 결국 은은 다시 영국의 주머니로 들어갔지요.

청나라의 황제는 아편 때문에 나라가 가난해진다는 사실을 깨달았어요. 그래서 아편이 수입되는 지방에 '임칙서'라는 총독을 보내 아편이 들어오지 못하게 하라고 시켰어요. 임칙서는 아편을 파는 영국 상인을 엄하게 다스렸지요.

이 사실이 전해지자 영국은 군대를 보내 청나라와 전쟁을 벌였답니다. 이 전쟁을 '아편 전쟁'이라고 해요. 아편 전쟁에서 진 청나라는 영국에게 홍콩 땅을 떼어 주고 다섯 개의 항구를 개방했어요. 이 항구를 통해 서양은 청나라의 물건을 마음대로 가져가려 했답니다.

마르크스의 공산당 선언 (1848년)

57. 세계의 노동자여, 힘을 합쳐라?

한밤중에 '마르크스'의 집에 초인종이 울렸어요. 문 밖에는 한 청년이 서 있었어요.

"급히 전할 게 있어서……."

청년은 마르크스에게 편지 한 통을 전했어요. 마르크스는 재빨리 편지의 봉투를 뜯어보았어요. 편지지에는 여러 사람의 서명이 담겨 있었지요.

"노동자 동맹이 선언 대회를 열려고 하는데 선생님과 엥겔스 선생님이 선언문을 써 주셨으면 해요. 그 서명은 다른 회원들의 뜻이지요."

엥겔스는 마르크스의 옆집에 사는 뜻이 잘 통하는 친구였어요. 마르크스는 청년의 요청을 받아들여 엥겔스와 함께 선언문을 썼어요.

"동맹 이름을 공산주의자 동맹이라고 붙입시다."

마르크스의 말에 청년은 고개를 끄덕였어요.

이후 마르크스와 엥겔스 공산주의자 동맹의 행동에 대한 책을 썼는데, 그 책의 마지막 구절에는 '세계의 노동자여, 단결하라.'라고 쓰여 있답니다. 마르크스는 왜 이런 주장을 했을까요?

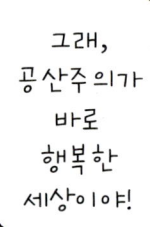

그래, 공산주의가 바로 행복한 세상이야!

18세기 영국에서 일어난 산업 혁명은 전 유럽으로 퍼졌어요. 유럽에는 노동자가 점점 많아졌어요. 하지만 노동자들은 열심히 일해도 가난에서 벗어날 수 없었어요. 학자들은 왜 이렇게 노동자들이 계속해서 가난하게 살아야 하는지 알기 위해 연구했어요. 마르크스도 그런 학자 가운데 하나였지요. 그는 산업 혁명으로 이룩된 사회에 대해 분석했어요.

산업 혁명으로 이룩된 사회는 기계와 공장을 가지고 있는 자본가와 공장에서 일을 하는 노동자로 구성되어 있어요. 자본가는 돈을 가지고 노동

　자에게 일을 시켜 물건을 만들어 내지요. 하지만 자본가는 그 물건을 팔아서 남은 돈 가운데 많은 부분을 떼어 내고 일부만을 노동자에게 '임금'으로 준답니다. 마르크스는 노동자들이 가난한 것은 이러한 자본주의 체제 자체에 문제가 있기 때문이라고 주장했어요.

　마르크스의 말대로라면 노동자들이 어려운 생활에서 벗어나기 위해서는 자본주의를 무너뜨리고 새로운 사회를 만들어야 했어요. 마르크스가 주장한 새로운 사회는 바로 '사회주의', 더 나아가 '공산주의'였답니다. 공산주의란 개인의 재산이 없이 국가의 모든 재산을 함께 나누어 갖는 평등한 사회를 말하지요.

　마르크스는 노동자들이 나서서 공산주의를 만들어야 한다고 주장했어요. 그러기 위해서 모든 노동자들이 단결해야 한다고 《공산당 선언》이라는 책에 썼답니다.

다윈의 진화론 (1859년)

58. 원숭이가 변해서 사람이 되었다?

두 발로 걷는 원숭이와 네 발로 기는 원숭이가 있었어요. 두 원숭이는 함께 먹을 것을 구하러 나갔어요.

"어, 저기 맛있는 바나나가 있네."

네 발 원숭이가 나무에서 떨어진 바나나를 발견했어요. 그런데 바나나는 하나밖에 없었어요. 두 발 원숭이와 네 발 원숭이는 바나나가 있는 곳으로 달렸어요. 두 발 원숭이는 두 발로 걸었기 때문에 네 발 원숭이보다 훨씬 빨랐지요. 결국 바나나는 두 발 원숭이가 차지했어요.

"한 입만 줘."

네 발 원숭이가 말했지만 배가 고팠던 두 발 원숭이는 자기 혼자 바나나를 다 먹어 버렸어요. 다음 날도, 그 다음 날도 네 발 원숭이는 먹을 것을 찾지 못했어요. 결국 네 발 원숭이는 굶어 죽었답니다. 이렇게 죽어 가다 보니까 네 발 원숭이의 숫자는 점점 줄어들었어요.

한편 두 발 원숭이는 얼마 뒤 아기를 낳았어요. 아기도 역시 두 발 원숭이였답니다. 두 발 원숭이는 네 발 원숭이와의 먹이 경쟁에서 살아남아 또 다시 아기를 낳고 또 낳았어요. 먼 훗날, 숫자가 점점 줄던 네 발 원숭이는 없어지고 두 발 원숭이만 살아남았답니다.

더욱더 먼 훗날에는 두 발 원숭이가 점점 두 발로 걷게 되고, 손을 쓰고, 도구를 만들어 쓰다가 사람으로 변했지요. 정말 원숭이가 변해서 사람이 됐을까요?

사람이 신에 의해 만들어진 것인지, 원숭이가 변화한 것인지에 대해서는 아직까지도 논란이 되고 있답니다. 처음으로 원숭이가 변해서 사람이 되었다고 주장한 사람은 '다윈'이라는 학자랍니다.

다윈은 한 종류의 생물이 자식을 낳아 오랜 세대를 번식하다 보면 점점 처음과는 다른 생물로 변화해 간다고 주장했어요. 이러한 이론을 '진화론'이라고 하지요.

다윈은 모든 생물이 살아가면서 환경에 적응하기 쉬운 부분을 더욱 발전시키고 적응하기 어려운 부분은 점점 없애 가려는 습성이 있다고 생각했어요. 그래서 오랜 시간이 흐른 뒤에는 처음과는 다른 생물로 변한다는 거지요.

다윈은 또 모든 생물이 태어나고 자라면서 치열한 생존 경쟁을 벌여, 이기는 생물은 살아남고 지는 생물은 자연스럽게 멸종된다고 말했답니다. 이것을 '적자생존'이라고 해요.

하지만 하느님이 사람을 만들었다고 믿었던 기독교 신자들은 다윈의 진화론과 적자생존을 받아들일 수 없었답니다.

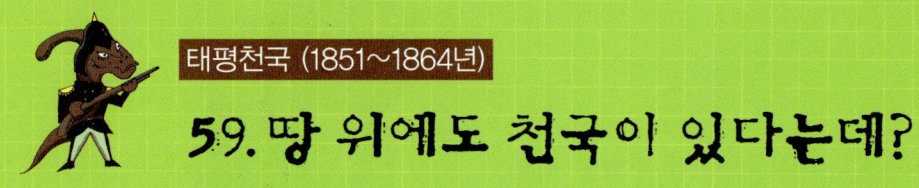

태평천국 (1851~1864년)

59. 땅 위에도 천국이 있다는데?

중국 청나라에 '홍수전'이라는 사람이 살았어요. 어느 날 그는 심한 열병을 앓았어요.

"땅 위에 있는 악마를 없애라."

사경을 헤매던 홍수전의 꿈에 노인이 나타나 말했어요.

잠에서 깨어난 그는 꿈을 대수롭지 않게 여겼어요. 6년의 세월이 흐른 어느 날, 홍수전은 갑자기 그 꿈이 떠올랐어요.

"맞아, 그건 하느님의 뜻이야."

홍수전은 무릎을 탁 치고는 갑자기 집을 뛰쳐나갔어요.

"상제께서 악마의 유혹에 빠진 중국을 구하리라."

홍수전은 사람들에게 깨달음을 알리며 다녔어요. 그러자 차츰 홍수전을 따르는 사람이 많아졌어요.

"상제를 믿으면 가난이 없어지고 이 땅은 천국이 됩니다. 우리 함께 이 땅을 천국으로 만듭시다."

홍수전은 어떤 방법으로 땅 위에 천국을 만들려 했을까요?

청나라 농민들은 매우 가난하게 살았기 때문에 더 이상 나라를 믿지 못했어요. 그래서 농민들에게 태평천국을 만들겠다는 홍수전의 말은 새롭게 들렸어요.

홍수전은 농민들에게 '상제'라는 신에 대해 알렸어요. 그러고는 상제를 섬기는 사람들을 모아 단체를 만들었는데, 이것이 '상제회'랍니다. 상제회 사람들 가운데에는 지주도 있고 숯장수도 있었어요. 그들은 가지고 있는 재산을 모두 내놓았어요. 상제회는 그렇게 모아진 재산을 가지고 함께 모여 살았어요. 그들이 모여 사는 곳은 신분 차별도, 남녀 차별도 없었

지요. 모든 재산을 평등하게 나누어 썼으며 상제회를 운영하는 사람도 공정하게 뽑았어요.

상제회가 점점 세력을 넓혀 가자 청나라는 군대를 보내 상제회를 공격했어요. 청나라를 없애고 새로운 나라를 만들어야 한다고 생각했던 상제회도 군대를 만들어 청나라와 싸웠지요.

마침내 중국은 반으로 갈라져 두 개의 나라가 되었어요. 북쪽에는 청나라가 있었고 남쪽에는 홍수전을 따르는 상제회 사람들이 만든 나라가 있었지요.

하지만 얼마 안 되어 남쪽 나라는 망했답니다. 시간이 흐를수록 홍수전을 비롯한 상제회 관리들은 나라를 돌볼 생각은 하지 않고 좀 더 높은 관리가 되기 위해 서로 다투었기 때문이에요. 태평천국을 꿈꾸며 시작된 농민들의 반란은 결국 이렇게 실패하고 말았답니다.

인도의 세포이 항쟁 (1859년)

60. 쇠기름 때문에 일어난 인도의 반란은?

영국은 '동인도 회사'를 인도에 두고 인도를 지배해 왔어요. 동인도 회사는 인도 사람과 영국 사람이 섞여 있는 군대까지 갖추고 있었지요.

"집합!"

점심시간이 끝나자 지휘관은 병사들을 불렀어요.

"오늘은 사격 훈련을 한다. 준비된 탄알을 가져와라."

지휘관의 명령에 따라 병사들은 탄알을 받았어요. 그런데 탄알은 몹시 미끈거렸어요.

"후, 이상한 냄새가 나는데."

인도 병사들은 탄알의 냄새를 맡아 보았어요.

"탄알에 쇠기름하고 돼지기름을 바른 것 같아."

인도 병사 한 명이 앞으로 걸어 나왔어요.

"저희는 이 탄알을 쓰지 않겠습니다. 기름을 바르지

않은 탄알로 바꾸어 주십시오. 그렇지 않으면 훈련에 참여할 수 없습니다."

지휘관은 얼굴을 찌푸렸습니다.

"그럴 수 없다. 자, 자리로 들어가도록."

지휘관이 지시를 내렸지만 인도 병사는 들어가지 않았어요.

인도 병사는 왜 탄알을 거부했을까요?

인도 사람들의 종교는 힌두교와 이슬람교로, 힌두교는 소를 섬기고, 이슬람교는 돼지고기를 먹지 않는 관습이 있었답니다. 그런데 영국 동인도 회사의 군대에서 나누어 준 탄알은 쇠기름과 돼지기름을 바른 것이었지요. 인도 병사들은 이러한 영국의 행동이 인도의 종교를 무시하는 것이라고 생각했답니다.

참을 수 없었던 인도 사람들은 영국 사람들의 교회를 부수고 감옥으로 몰려가 갇혀 있던 동료들을 구출했어요. 영국은 한꺼번에 일어난 인도 사람들의 반항에 손을 쓸 겨를이 없었지요. 인도 사람들은 자기네 땅에서 영국을 몰아내려고 했어요. 하지만 뒤늦게 도착한 영국 군대는 인도 사람들을 무자비하게 죽였답니다.

결국 인도 사람들은 흩어지고 말았지요. 이 사건을 '세포이 항쟁'이라고 해요. '세포이'란 동인도 회사에서 일하던 인도 병사를 뜻하는 말로, 세포이 항쟁은 영국의 식민지였던 인도의 국민들이 나라의 독립을 위해 싸웠던 사건이랍니다.

미국의 남북 전쟁 (1861~1865년)

61. 링컨 대통령에게 총을 겨눈 까닭은?

"노예는 해방됐습니다. 우리는 모두 자유롭습니다. 저는 국민에 의한, 국민을 위한, 국민의 정부를 만들겠습니다."

링컨 대통령의 연설을 들은 시민들은 환호와 격려를 보냈어요. 연설을 마친 링컨 대통령은 며칠 동안 꼼짝 않고 밀린 일을 처리했어요.

일요일 아침, 링컨 대통령은 가족과 함께 식사를 했어요.

"그동안 신경을 못 써 미안하오. 오늘은 극장에 함께 갑시다."

대통령 부부는 모처럼 나들이에 나섰어요. 극장 안에 나란히 앉은 대통령 부부는 재미있게 연극을 보았어요.

탕!

갑자기 총소리가 들렸어요. 어둠 속에서 날아온 총알은 링컨 대통령의 가슴을 관통했답니다. 깜짝 놀란 사람들은 소리를 질렀어요.

이때 청년 하나가 관객석 난간을 훌쩍 뛰어넘어 무대 위로 올랐어요.

"저 사람이다. 저 사람이 대통령을 죽였다!"

사람들이 소리쳤어요. 경호원이 청년을 향해 달렸어요.

"여러분, 독재자는 이 같은 최후를 맞아야 합니다!"

무대 위로 올라선 청년이 이렇게 소리쳤어요.

청년은 왜 링컨 대통령을 죽였을까요?

　미국의 남부 지역은 큰 농장들이 발달했어요. 인구가 적은 남부 사람들은 농사를 짓기 위해 노예가 필요했어요. 한편 북부 지역은 철과 석탄 등 지하자원이 풍부해 공업을 발전시켰지요. 따라서 노예보다는 노동자가 더 필요했지요.

　남부 사람들은 노예 제도를 허락해야 한다고 주장하고, 북부 사람들은 노예 제도를 없애야 한다고 주장했답니다. 링컨 대통령은 북부 사람들의 말대로 노예 제도를 없앴지요.

　그러자 화가 난 남부 사람들은 미국에서 독립해 자기들의 대통령을 따로 뽑았어요. 링컨 대통령과 북부 사람들은 남부 사람들이 새로운 나라를 만드는 것을 반대했어요. 결국 미국의 남부와 북부는 '남북 전쟁'을 벌였어요.

　남북 전쟁의 승리는 북부가 차지했고 미국 전 지역에 노예 제도가 없어졌어요. 노예들이 떠난 남부의 농장은 황폐화되었고 사람들은 살 길이 막막해졌어요. 남부 사람들에게는 링컨 대통령이 독재자같이 여겨졌지요. 그래서 링컨 대통령의 가슴에 총을 겨눈 것이랍니다.

비스마르크의 철혈 정책 (1871년)

62. 철과 피로 통일을 이루자?

독일 지역에 있던 '프로이센'이라는 나라에서 의회가 열렸어요.

"우리는 전국이 각각 흩어져 있어요. 하나의 나라로 통일하기만 하면 프랑스나 오스트리아보다 훨씬 강한 나라가 될 수 있을 텐데."

나이가 지긋한 의원이 말했어요.

"이웃 나라 대표들과 대화를 하는 게 어떻겠소?"

한 의원이 방법을 내놓자 구석에서 웃는 소리가 들렸어요.

"하하하, 아직도 모르겠소? 우리의 문제를 해결하려면 철과 피가 필요합니다."

이렇게 말한 사람은 프로이센 왕이 보낸 '비스마르크'라는 수상이었어요. 의원들은 어리둥절하여 비스마르크를 쳐다보았어요.

"철과 피라니요? 그게 무슨 말이오?"

"철은 군사력을 말하는 것이고, 피는 젊은 병사들의 희생을 뜻하지요."

비스마르크는 의미심장한 미소를 지었어요.

"군사력과 희생이라니?"

"여러분, 다른 강대국과 의논한다면 그들이 우리의 통일을 환영할 것 같소? 철과 피 말고는 방법이 없어요."

비스마르크는 과연 철과 피로 나라를 통일할 수 있었을까요?

독일 지역은 원래 여러 개의 조그만 나라로 나누어져 있었어요. 프로이센은 그 지역의 여러 나라들 가운데 가장 힘이 센 나라였어요.

비스마르크는 주변 나라에 대항할 수 있는 강한 나라를 만들기 위해서 독일 지역의 여러 나라를 통일해야 한다고 생각했어요. 하지만 독일 주변의 강대국들은 독일의 통일을 원하지 않았어요. 그래서 생각해 낸 것이 '철과 피', 다시 말해 '철혈 정책'을 실시하게 된 것이지요. 철혈 정책은 독일 통일을 위해 주변 강대국과 전쟁을 해서 무기와 젊은 병사들의 희생을 치르겠다는 정책이지요.

비스마르크는 독일 주변의 덴마크, 오스트리아, 프랑스와 차례로 전쟁을 했어요. 이 전쟁에서 승리한 프로이센은 독일 주변의 강대국들이 독일의 통일에 대해 반발하지 못하게 했어요. 마침내 철과 피로 독일 지역의 많은 나라는 하나로 통일되었어요. 그 뒤 독일은 유럽 제일의 강대국으로 커 갔답니다.

파리 코뮌 (1871년)

63. 노동자의 나라?

프랑스와의 전쟁에서 이긴 프로이센의 지도자 비스마르크는 파리의 개선문으로 향했어요. 파리는 쥐새끼 한 마리 없는 것처럼 조용했고 집집마다 검은 깃발만 휘날렸어요.

"프랑스 놈들, 감히 검은 깃발을 내걸다니."

비스마르크는 화가 나서 프랑스 정부를 찾아갔어요.

"여보시오, 프랑스 양반. 검은 깃발을 내건 건 우리 프로이센을 받아들이지 않겠다는 뜻입니까?"

비스마르크가 따져 묻자 프랑스 관리는 쩔쩔맸어요.

"프랑스 정부는 프로이센을 따르려고 합니다. 그런데 일부 국민들, 특히 노동자들이 자기들끼리 나라를 만들겠다고 검은 깃발을 내걸었습니다."

"이건 당신네들 문제니까 프랑스 정부가 알아서 해결하시오."

비스마르크와 프로이센 군대는 하는 수 없이 그냥 돌아갔어요.

프랑스의 노동자들은 왜 자기들끼리 나라를 만들려고 했을까요?

프랑스와 프로이센의 전쟁에서 진 프랑스 정부는 프로이센에게 항복했어요. 하지만 프랑스 국민들은 항복을 인정할 수 없어서 프로이센의 지배를 받지 않는 자기들만의 나라를 만들려고 했어요.

프로이센은 프랑스 정부에게 프랑스 국민들이 나라를 만들지 못하게 하라고 명령했어요. 이를 따를 수밖에 없었던 프랑스 정부는 국민들을 향해 총과 대포를 쏘았어요. 그러자 프랑스 국민들도 정부를 공격했어요. 한 나라의 정부와 노동자들 사이에 싸움이 벌어지는 이상한 일이 일어난 거지요.

프랑스 정부는 국민들의 공격을 막아 낼 수 없어 수도인 파리에서 쫓겨났어요. 프랑스 국민들은 파리에 자기들만의 새로운 나라를 만들고 정부를 세웠어요. 이렇게 만들어진 프랑스 안의 작은 나라를 '파리 코뮌'이라고 한답니다.

파리 코뮌 사람들은 대부분 노동자였어요. 그래서 파리 코뮌은 노동자가 정치를 하는 나라가 되었어요. 그들은 가난한 사람들의 생활을 보장하고 노동자가 공장을 관리하는 등 새로운 법을 만들었어요. 또한 똑같이 일하고 재산을 똑같이 나누어 갖는 '사회주의'를 원했지요. 최초의 사회주의 정부였던 파리 코뮌은 사회주의를 원하는 유럽의 많은 사람들에게 영향을 주었답니다. 하지만 파리 코뮌은 프랑스 정부의 공격을 받아 망하고 말았답니다.

에디슨의 전구 발명 (1879년)

64. 밤도 낮처럼 환하게?

열차에서 신문을 팔며 돈을 버는 가난한 청년이 있었어요. 그의 이름은 에디슨!

에디슨은 일을 마치면 으레 열차의 화물칸으로 갔어요. 그곳엔 그가 몰래 꾸며 놓은 실험실이 있었지요. 에디슨은 열차가 도착할 때까지 남은 시간을 화물칸에서 실험을 하면서 보냈답니다.

지지직!

전선을 가지고 실험을 하는데 갑자기 불꽃이 번졌어요. 당황한 에디슨은 무섭게 번지는 불꽃을 막을 수 없었지요. 때마침 화물칸으로 들어오던 차장은 사람들을 불러 모아 불을 껐어요. 화가 난 차장은 에디슨을 때리며 나무랐어요.

"앞으로 다시는 기차 안에서 실험을 하지 마!"

맥이 빠진 에디슨은 목적지에 도착해서도 우두커니 창밖만 보고 있었어요.

그때 열차가 완전히 멈추지 않았는데 역장의 아들이 철도를 건너기 위해 뛰어왔어요. 이 광경을 지켜보던 에디슨은 재빨리 뛰어내려 역장의 아들을 구해 주었어요. 뒤늦게 나타난 역장은 한숨을 돌린 뒤 에디슨을 바라보았어요.

"보답을 하고 싶은데 원하는 게 있으면 말해 보게."

"전기 기술을 배우고 싶어요."

에디슨은 역장의 도움으로 전기 기술을 배우게 되었답니다. 이때 배운 기술을 통해서 그는 뛰어난 발명가가 되었지요.

그가 발명한 것은 무엇일까요?

에디슨의 발명품은 3천 개가량 된답니다. 축음기, 레코드, 건전지, 영사기, 탄소 전화기 등등. 그 가운데에서 가장 크게 세상을 변화시킨 발명품은 전구랍니다.

에디슨이 전구를 발명하기 전까지는 램프나 촛불, 가스등을 썼어요. 하지만 이 불들은 어두웠고 화재의 위험이 있거나 수명이 길지 않았답니다.

에디슨은 몇천 번의 실험을 거듭한 끝에 유리관 안에 필라멘트를 넣어 전구를 만들었어요. 전구는 1천 2백 시간이나 빛을 밝힐 수 있는 획기적인 발명품이었지요.

에디슨은 자신의 발명품을 사람들에게 공개했어요. 사람들은 에디슨의 발명에 감탄했어요. 이렇게 해서 전등의 시대가 열리게 되었고, 어두웠던 밤은 대낮처럼 환하게 밝아졌답니다.

제1차 세계 대전 (1914~1918년)

65. 황태자를 쏜 사나이?

오스트리아 황태자는 아내와 함께 동유럽의 '세르비아'라는 나라를 방문했어요. 차를 타고 거리에 들어선 황태자 부부에게 세르비아 사람들은 환영의 환호를 보냈어요. 황태자는 손을 들어 사람들에게 답례했지요.

바로 그때, 사람들 속에 있던 한 남자가 황태자가 타고 있는 차에 뛰어들었어요.

탕! 탕!

총소리가 울리자 사람들은 소리를 질렀어요.

"오스트리아 황태자가 죽었다!"

거리는 순식간에 아수라장이 되었어요.

"세르비아 만세!"

황태자에게 총을 쏜 남자는 크게 소리쳤어요.

황태자의 죽음은 오스트리아 왕실에 전해졌어요.

"세르비아 놈들, 어디 두고 봐라."

황태자를 잃은 오스트리아 왕은 어떻게 했을까요?

황태자가 죽자 오스트리아 왕은 세르비아에 전쟁을 선포했어요. 유럽의 각 나라들은 이 전쟁에 끼어들었어요. 이렇게 시작된 전쟁이 '제1차 세계 대전'이에요.

세르비아를 비롯한 동유럽의 여러 나라들은 슬라브 민족이었어요. 반면 오스트리아는 게르만 민족이었어요. 그래서 세르비아와 오스트리아는 서로 사이가 좋지 않았답니다.

세르비아와 오스트리아 전쟁에서 러시아는 세르비아 편을 들었어요. 그러자 독일이 오스트리아 편을 들며 전쟁에 끼어들었어요. 마침내 오스트리아와 세르비아의 전쟁은 독일과 러시아의 전쟁으로 번졌답니다.

전쟁은 독일의 승리로 굳어지고 있었어요. 그러자 이번에는 영국, 프랑스가 러시아 편을 들고 독일과 싸웠어요.

영국과 프랑스가 전쟁에 끼어든 이유는 당시의 유럽이 두 개의 큰 세력으로 나누어져 있었기 때문이랍니다. 독일과 이탈리아, 오스트리아는 다른 나라와 전쟁을 할 때 서로 도와주기로 동맹을 맺고 있었어요. 이것을 '삼국 동맹'이라고 해요.

독일이 강한 나라가 되는 것을 두려워했던 영국은 서둘러 러시아, 프랑스와 협상을 맺어 서로 돕기로 약속했어요. 이것을 '삼국 협상'이라고 하지요. 마침내 오스트리아와 세르비아의 전쟁은 삼국 동맹의 나라들과 삼국 협상의 나라들 사이의 큰 싸움으로 커져 버렸답니다.

제1차 세계 대전과 탱크의 등장 (1916년경)

66. 총알을 발사하는 차?

독일군은 프랑스 베르됭 지역을 침략했어요. 길 하나를 사이에 두고 독일군과 프랑스군은 총을 겨눴지요.

"살포!"

독일군 지휘관이 명령을 내렸어요. 그러자 갑자기 프랑스 군대 쪽으로 누런 가스가 피어올랐어요.

"으윽, 이건 뭐야. 도대체 숨을 쉴 수가 없어."

가스를 맡은 프랑스 군인은 하나둘 죽어 갔어요. 프랑스 군대는 하는 수 없이 도망쳤어요.

독일군은 후퇴하는 프랑스 군인들을 향해 총을 쏘아 댔어요. 베르됭 전투에서는 독일군이 만세를 불렀어요.

하지만 프랑스 솜므 강 지역의 전투에선 전혀 다른 모습이 펼쳐졌어요. 서로 총을 쏘며 공격하는 프랑스군과 독일군 사이를 뚫고 큰 차가 나타났어요.
"저기 봐요. 이상한 차가 와요."
독일군은 프랑스와 영국 연합군의 무시무시한 차를 보고 놀랐어요.
"어서 피해! 차가 혼자서 총알을 발사하고 있어."
독일군은 차의 공격에 후퇴했어요. 독일군이 생전 처음 보는 그 차는 탱크였답니다. 이렇게 제1차 세계 대전에서는 무시무시한 무기들이 많이 나타났지요.
또 어떤 무기들이 나타났을까요?

제1차 세계 대전 당시 독일은 영국과 프랑스 연합군이 만든 탱크를 연구해서 더 좋은 탱크를 만들었어요. 그 밖에도 독일에서는 전투를 위한 비행기를, 영국은 잠수함을 만들어 서로 공격했어요. 그동안 발달해 온 과학이 전쟁을 위해 총동원되었지요.
새로운 무기들은 한 번의 공격으로도 여러 명의 사람을 죽일 수 있었어요. 전 세계에서 2천만 명이나 되는 사람이 죽었지요. 여기에는 아시아와 아프리카에 사는 사람들도 포함되어 있었어요. 영국과 프랑스는 식민지들에게 전쟁에 참가하면 독립을 시켜 준다고 했어요. 또 아시아에서 가장 힘이 세었던 일본은 서양에 그 힘을 과시하려고 전쟁에 참가했답니다. 세계는 황폐화되었어요. 하지만 제1차 세계 대전으로 이익을 본 나라도 있답니다.
미국은 중립을 지키겠다고 중반까지 전쟁에 참여하지 않는 대신 무기를 만들어 유럽에 팔았어요. 미국은 전쟁 덕분에 더욱 부자가 되었지요.

러시아의 10월 혁명 (1917년)

67. 우리에게 빵을 달라?

러시아는 국민들에게 식량을 나누어 주었어요. 하지만 빵은 기다리고 있던 사람의 절반에게도 돌아가지 못하고 바닥나고 말았어요.

"빵이 없다고? 그럼, 우리는 굶으라는 말이야?"

빵을 먹지 못한 사람들은 수두룩했지요. 참다못한 시민들이 모였어요.

"우리에게 빵을 달라!"

사람들은 왕궁으로 갔어요. 병사들이 왕궁 앞을 막았지만 사람들은 돌아가지 않았어요.

"발포하라!"

지휘관의 명령에 병사들은 차마 총을 쏠 수가 없었어요. 이때 한 청년이 왕궁 꼭대기에 올라가 붉은 깃발을 꽂았어요.

"우리가 나라를 운영해 봅시다!"

노동자와 병사들은 같은 편이 되어 대표를 뽑고 임시 정부를 만들었으며 황제는 자리에서 물러났어요. 하지만 또다시 임시 정부를 반대하고 나선 사람이 나타났답니다. 이 사람은 누구일까요?

러시아 시민들이 만든 임시 정부는 서유럽의 여러 나라들처럼 의회를 만들고 공화 정치를 해야 한다고 주장했어요.

하지만 '레닌'이라는 사람은 임시 정부를 반대하고 나섰어요. 레닌은 모든 러시아 사람들이 잘살기 위해서는 사회주의 국가가 되어야 한다고 생각했지요. 그래서 사회주의를 원하는 사람들을 모아 '볼셰비키 당'이라는 모임을 만들었답니다.

이제 우리에게 배고픔은 없다!

당시 러시아 사람들은 가난을 전쟁 탓으로 돌렸기 때문에 러시아가 더 이상 제1차 세계 대전에 참여하지 않기를 바랐어요. 하지만 임시 정부는 전쟁을 계속하려고 했고 볼셰비키 당은 전쟁에 참여하지 않아야 한다고 주장했어요. 임시 정부를 따르던 사람들은 점점 볼셰비키 당 쪽으로 기울어졌어요.

그러자 임시 정부는 볼셰비키 당을 공격했지만 패배했어요. 러시아를 지배하게 된 볼셰비키 당은 노동자와 농민 모두가 똑같이 일하고 똑같이 재산을 나누어 갖는 사회주의 국가를 만들었어요. 국가 이름을 '소비에트'라고 짓고 레닌을 국가의 대표로 뽑았지요. 이 사건을 '10월 혁명'이라고 해요.

러시아가 사회주의 국가가 된 뒤 세계는 자본주의 국가와 사회주의 국가로 나누어져 대립하게 되었답니다.

제1차 세계 대전의 종결 (1918년)

68. 여객선마저 폭발시킨 잠수함?

　미국을 출발한 배가 영국으로 가고 있었어요. 이 배에는 미국과 유럽의 승객들이 타고 있었어요. 승객들은 갑판을 나와 간식을 먹으며 오후의 햇살을 즐겼어요.
　"영국에 도착하면 며칠 푹 쉬었다 와야겠다."
　"영국은 전쟁 중인데 쉴 수 있을까요?"
　미국인 신혼부부는 다정스럽게 이야기를 나누었어요.
　"쉴 곳이 있겠지. 그 넓은 땅이 다 전쟁터는 아니니까."
　남편은 신문을 펼쳐 읽었어요.
　"사태가 심상치 않군. 독일이 영국 근처를 떠다니는 배를 모두 공격한다고 발표했다는데."
　"그럼 영국으로 가는 이 배는 괜찮은 건가요?"
　그때 한 줄기 하얀 선이 푸른 바다를 가르며 배를 향해 다가왔어요.
　"근데 저건 뭐죠, 여보?"
　남편이 바라보는 순간 배는 요란한 소리를 내더니 불꽃에 휩싸여 폭발했답니다. 독일의 잠수함이 미국에서 영국으로 오던 배를 폭발시켰던 거지요.
　독일은 왜 군함이 아닌 일반 사람이 타고 있는 배까지 공격했을까요?

제1차 세계 대전 초반에는 독일이 잇따라 승리했어요. 그러나 독일은 영국에게 바다를 빼앗기자 급속하게 약해졌어요. 바다를 통해 식량과 무기를 더 이상 들여올 수 없었기 때문이지요. 독일은 다시 바다를 차지하기 위해 바다에 떠 있는 배를 모두 폭파시키기로 했어요. 이것을 '무제한 잠수함 작전'이라고 해요.

　이 작전 때문에 미국의 시민들이 희생당했고 그동안 전쟁에 참여하지 않았던 미국은 전쟁에 끼어들어 독일을 공격했어요. 힘이 빠진 독일은 마침내 항복하고 말았지요.

　제1차 세계 대전에 참여한 나라들은 '베르사유 조약'을 맺었어요. 이 조약은 독일, 이탈리아, 오스만 튀르크 민족이 패배했음을 알렸고 4년 동안 계속된 전쟁이 끝났음을 선언했지요.

　전쟁을 겪은 세계 사람들은 비로소 평화의 중요성을 깨달았어요. 그래서 세계가 힘을 모아 평화를 지키기 위한 모임을 만들었어요. 이 모임을 '국제 연맹'이라고 해요.

중국의 5·4 운동 (1919년)

69. 우리 민족의 일은 우리가 결정한다?

중국 학생들은 신문을 보며 한마디씩 했어요.

"이건 말도 안 돼."

"이렇게 되면 우린 독립을 할 수 없어."

학생들은 삼삼오오 무리를 지어 관리의 집을 찾아갔어요.

"나라를 팔아먹은 못된 놈아, 당장 나와!"

학생들은 소리쳤지만 관리는 대문을 잠근 채 나오지 않았어요. 한 학생이 담을 넘어 관리의 집으로 들어갔어요. 하지만 관리는 이미 도망가 버리고 없었답니다.

하는 수 없이 거리로 나온 학생들은 크게 외쳤어요.

"우리 민족의 일은 우리가 결정하자!"

"일본을 몰아내자!"

지나가던 시민들도 하나둘씩 주변으로 몰려들었어요. 어느새 중국 사람들은 거리를 가득 메웠답니다.

신문에 어떤 기사가 났기에 중국 학생들은 이런 일을 벌였을까요?

미국의 윌슨 대통령은 14개의 평화 원칙을 발표했어요. 그 내용 가운데에는 세계 각 나라의 일은 그곳에 살고 있는 민족 스스로가 결정한다는 것이 있었지요. 이것을 '민족 자결주의'라고 해요. 민족 자결주의는 힘이 약해 다른 나라의 지배를 받았던 식민지에게 큰 희망을 주었답니다.

식민지들은 제1차 세계 대전이 끝나고 맺게 된 베르사유 조약에서 각 나라의 독립이 선언될 거라고 생각했어요. 하지만 결과는 그렇지 않았답니다. 제1차 세계 대전에서 패배한 독일, 이탈리아, 등의 식민지들은 독립을 시켜 주기로 했지만 그 밖의 식민지엔 독립을 허락하지 않았어요.

중국은 그동안 독일, 일본, 러시아가 서로 차지하기 위해 싸워 왔던 나라예요. 그런데 베르사유 조약은 중국을 일본에 넘기도록 되어 있었으며, 중국의 관리들은 이러한 내용이 담겨 있는 베르사유 조약에 서명했어요. 이 소식을 들은 중국의 학생들과 시민들은 나라의 독립을 위해 행진하기 시작했어요. 이 사건을 '5·4 운동'이라고 해요.

일본과 중국 정부에 반대하던 5·4 운동은 걷잡을 수 없이 번져 나갔어요. 5·4 운동을 통해서 사람들은 어떻게 하면 나라를 바로 세울 수 있을지, 어떤 나라를 세워야 할지 고민했어요. 비로소 중국은 민주주의와 사회주의 등 여러 가지 국가 형태에 관심을 가지게 되었지요. 또 서양 문화에도 눈을 뜨기 시작했답니다.

세계 대공황 발생 (1929년)

70. 버릴 물건은 있어도 사람이 쓸 물건은 없다?

아이들이 동네 이곳저곳을 돌아다녔어요.

"어, 저건 석탄인데."

아이들은 석탄 공장에서 멀쩡한 석탄을 땅에 묻어 버리는 광경을 지켜보았어요.

저녁 무렵이 되어 아이들은 하나둘씩 집으로 돌아갔어요.

"엄마, 추운데 왜 난로를 피우지 않아요?"

아이는 어머니에게 물었어요.

"아버지가 직장을 잃었어. 돈이 없어 석탄을 사지 못했으니 춥더라도 오늘은 이렇게 지내야겠다."

아이는 의아했어요.

"석탄 공장에서는 석탄을 버리던데……."

"버릴 석탄은 많은데 우리가 쓸 석탄은 없단다."

아이는 도무지 이해가 안 되어 고개를 갸우뚱했어요.

"아버지는 왜 직장을 잃었어요?"

"그건, 석탄이 너무 많아서 그렇단다."

대체 왜 이런 일이 일어나게 된 걸까요?

미국에 이상한 일이 일어나고 있었어요. 공장 주인들은 물건이 너무 많아 버리는데 사람들은 물건을 살 수 없어 굶주렸지요. 이런 현상을 '공황'이라고 한답니다.

미국은 부자가 많았지만 가난한 사람도 많은 나라였어요. 부자였던 공장 주인들은 더 많은 돈을 벌고 싶었기 때문에 물건을 많이 만들었어요. 하지만 사람들은 가난해서 물건을 살 수 없었어요. 그래서 팔리지 않은 물건은 공장에 쌓여 있고 사람들은 물건을 쓰지 못하는

 공황이 일어난 거지요. 그러자 공장 주인들은 물건을 적게 만들려고 했어요. 그러기 위해서 전보다 적은 일손이 필요했지요. 공장 주인들은 남는 노동자들을 해고시켜 버렸답니다. 일자리를 잃은 사람들은 점점 많아졌고 물건을 살 만한 돈을 가진 사람은 더욱 적어졌지요.

 은행에서 돈을 빌려 공장을 운영하던 공장 주인들은 물건을 팔지 못해 은행 돈을 갚지 못했어요. 은행은 하나둘씩 망했어요. 은행에 돈을 예금한 사람들은 돈을 찾을 수가 없었고, 돈 있는 사람들은 더욱 줄어들었고, 물건은 더욱더 안 팔리게 되었어요.

 공황은 4년 동안이나 계속되었어요. 미국에서 시작된 공황은 세계 곳곳에 영향을 주었어요. 세계의 많은 노동자들은 일자리를 잃고 거리를 헤맸지요. 세계는 자본주의가 만들어 낸 이상한 가난에 빠져들었답니다.

간디의 독립 운동 (20세기 초)

71. 간디는 왜 바다에 갔을까?

"소금을 사는 데 그렇게 많은 돈을 내라니. 이게 될 법한 말이야?"

소금값이 오르자 인도 사람들은 화가 났어요.

"소금을 안 먹을 수도 없고. 무슨 좋은 방법이 없을까?"

"참을 수 없어. 우리 간디 선생님을 찾아가자. 간디 선생님은 뭔가 방법을 알고 계실 거야."

사람들은 존경하는 간디 선생님을 찾아갔어요. 하지만 간디는 며칠 동안 밥을 먹지 않았기 때문에 사람들에게 말할 기력조차 없었어요.

사람들은 간디의 집 앞에서 무릎을 꿇었어요. 지나가던 사람들은 이 광경을 보고 하나둘씩 모여들었어요.

"간디 선생님, 우리는 어떻게 해야 합니까?"

아낙네들은 울음을 터뜨렸어요. 간디는 기운이 없어 몹시 힘들었지만 사람들의 흐느낌을 듣자 더 이상 앉아 있을 수가 없었어요.

"여러분, 이제 자유로워집시다. 더 이상 노예가 되는 것은 그만둡니다."

간디는 있는 힘을 다해 말한 뒤 도로를 따라 천천히 걸어갔어요. 사람들은 조용히 간디의 뒤를 따랐어요. 한참을 걸은 뒤 그들이 도착한 곳은 바닷가였답니다.

간디는 무엇을 하려고 바닷가로 갔을까요?

인도는 오랫동안 영국의 지배를 받고 있었답니다. 인도 사람들은 영국에게서 독립하기 위해 갖은 노력을 해 왔어요. 제1차 세계 대전 때는 영국의 군인이 되어 싸워 주기까지 했어요. 그렇게 하면 영국이 인도를 독립시켜 주겠다고 약속했기 때문이지요.

하지만 영국은 더욱 엄격한 법을 만들어 인도 사람들을 괴롭혔답니다. 소금에 높은 가격을 붙이는 '소금법' 또한 영국이 인도 사람들을 괴롭히기 위해 만든 것이었어요. 간디는 인도 사람들이 쓰는 물건은 인도 사람들 스스로 만들어야 영국에게서 자유로울 수 있다고 생각했어요. 그래서 바다로 가서 염전을 일구었지요.

간디는 또 인도가 독립하기 위해선 영국과 싸우지는 말되 영국이 정한 법을 따르지 말아야 한다고 생각했어요. 이런 방법을 '비폭력 무저항'이라고 해요. 하지만 이 방법도 인도에 독립을 가져다주지는 못했답니다.

루스벨트의 뉴딜 정책 (1933년)
72. 테네시 강가로 가면 부자가 된다?

"저를 대통령으로 뽑아 주시면 반드시 경제를 살리겠습니다."

미국의 대통령 후보 루스벨트가 연설을 했어요.

"저 사람은 쓰러져 가는 미국을 살려 낼 수 있을 것 같아."

사람들에게 인기를 얻었던 루스벨트는 마침내 대통령에 당선되었어요. 하지만 사람들의 생활은 좋아지지 않았지요.

"역시 루스벨트 대통령도 우리의 가난을 해결할 수는 없어."

사람들은 루스벨트 대통령에게 실망했어요.

"아니야. 소문을 들으니까 테네시 강가로 이사 가면 부자가 될 수 있대."

한 청년이 말했어요.

"거긴 촌동네잖아. 거기서 뭘 하는데?"

"나도 잘 몰라. 하여튼 여기서 굶어 죽는 것보단 나아."

결국 테네시 강 주변으로 이사 가는 사람들이 하나둘씩 늘어났어요.

그들은 테네시 강에서 무엇을 했을까요?

미국은 공황 때문에 경제적으로 어려움을 겪었어요. 빈부 차는 극심했고, 가난한 사람들이 물건을 사지 못해 공장의 물건은 쌓여 갔지요. 이때 루스벨트 대통령은 국가의 돈으로 테네시 강가에 16개의 댐을 지었어요.

댐 공사를 시작하자 전국의 실업자들이 몰려들어 일자리를 찾게 되었지요. 돈을 버는 사람들이 점점 늘어나자 공장에 쌓여 있던 물건도 하나둘씩 팔려 나가기 시작했어요.

이렇게 지어진 테네시 강가의 댐은 홍수를 막아 주는 한편 모인 물을 이용해 수력 발전을 일으키기도 했답니다. 이제 미국은 적은 돈으로 전기를 쓸 수 있게 되었답니다.

사실 이런 방법은 영국의 '케인즈'라는 경제학자가 처음 생각해 냈답니다. 그는 자본주의가 발전하면 반드시 공항이 올 거라고 내다봤어요. 공황을 이겨 내기 위해선 국가가 적극 나서서 해결해야 한다고 생각했지요.

케인즈가 말한 대로 루스벨트는 경제 문제를 해결하기 위해 국가가 나서서 댐 공사를 벌였던 거예요. 이러한 루스벨트의 방법을 뉴딜 정책이라고 해요. '뉴딜 정책'은 성공을 거두었고 미국은 다시 부유한 나라로 성장했지요.

미국의 경제가 좋아지자 루스벨트는 이웃 나라의 경제 발전을 도왔어요. 특히 남아메리카 여러 나라들을 도와 아메리가 대륙 전체를 부유하게 만들기 위해 도력했답니다.

마오쩌둥의 대장정 (1934년)

73. 무엇을 위해 1만 킬로미터의 거리를 걸었을까?

수만 명의 중국 사람들이 한 줄로 늘어섰어요. 그들은 먼 길을 걷고 또 걸었어요. 그들의 맨 앞에는 마오쩌둥이 있었어요.

"아이고, 다리야."

사람들은 점점 지쳐 갔어요.

"이제 다리 하나만 건너면 됩니다. 다리를 건너지 못하면 우리는 패배해 지금까지 걸은 게 헛일이 될 것입니다. 그것은 곧 죽음과 같습니다."

마오쩌둥의 말에 사람들은 하나둘씩 일어나 또다시 걷기 시작했어요. 가파른 골짜기 깊숙한 곳에 긴 다리가 나타났어요. 다리 아래로는 계곡 물이 흘렀고 다리 길이는 9백 미터나 되어 몹시 위험해 보였어요.

"용기를 내십시오. 다리를 건너야 우리가 원하는 세상이 옵니다."

사람들은 서로 도와가며 다리를 건너기 시작했어요.

다리를 다 건너자 사람들은 만세를 불렀어요. 그들이 걸어온 길은 1만 킬로미터나 되었답니다.

그들은 왜 죽음을 각오하며 1만 킬로미터의 거리를 걸었을까요?

당시 중국의 정세는 매우 어지러웠답니다. 북쪽에 청나라 정부가 있었지만 중국 사람들은 청나라 정부 대신 다른 지도자들을 더 따랐어요. 지도자들 가운데 한 사람은 중국을 공산주의 국가로 만들자는 공산당의 '마오쩌둥'이었고, 다른 한 사람은 중국을 자본주의 국가로 만들자는 국민당의 '장제스'였지요. 두 사람 모두 북쪽의 청나라 정부를 몰아내고 싶어 했어요.

공산당과 국민당은 힘을 모아 청나라 정부와 싸우기로 했어요. 이것을 '국공 합작'이라고 해요. 국공 합작을 두려워한 청나라 황제는 스스로 물러났답니다. 그 뒤 국민당은 자신들과 손을 잡았던 공산당 사람들을 공격했어요. 공산당 사람의 4분의 3 정도가 국민당의 공격으로 죽었어요.

공산당의 대표 마오쩌둥은 살아남은 사람들을 이끌고 1만 킬로미터나 되는 거리를 걸으며 공산주의에 대해 선전했어요. 공산주의를 원하는 사람을 하나로 모은 이 사건을 '대장정'이라고 해요. 대장정은 중국이 공산주의 국가가 되는 데 큰 역할을 했답니다.

제2차 세계 대전 (1939~1945년)
74. 세계에서 가장 큰 전쟁?

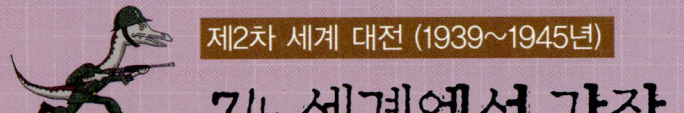

"우리 독일 민족은 세계에서 가장 강합니다. 세계 지배를 위해 전쟁을 해야 합니다."

독일 신문의 1면에는 날마다 히틀러 수상이 국민들에게 하는 말이 실렸어요. 히틀러는 많은 전쟁을 일으켜 승리했어요.

"이번에도 우리가 이겼다고? 과연 히틀러가 옳았어."

독일 시민들은 점차 히틀러를 영웅으로 받들었어요. 이제 히틀러는 폴란드를 쳐들어가기 위해 군인들을 모았어요. 독일 시민들은 모두 군인이 되었지요.

장갑차와 폭격기 등 무시무시한 무기들을 앞세운 독일군은 폴란드로 향했어요. 폴란드는 독일군에 맞서 싸웠지만 독일은 손쉽게 폴란드를 점령했어요. 이 소식을 들은 영국과 프랑스의 대표는 히틀러에게 편지를 보내왔어요.

"더 이상 당신네 나라의 영토를 넓히지 않겠다고 약속하시오. 그러면 지금까지 빼앗은 땅을 도로 내놓으라고 하지 않겠소."

히틀러는 뭐라고 대답했을까요?

히틀러는 영국, 프랑스에게 더 이상 다른 나라를 침략하지 않겠다고 약속했답니다. 하지만 히틀러는 약속을 지키지 않았어요. 독일군은 폴란드에 이어 북유럽과 동유럽의 작은 나라들을 차례로 점령해 나갔지요.

영국과 프랑스는 독일이 더 이상 다른 나라들을 점령하지 못하도록 나서서 싸울 것을 결심했어요. 그래도 히틀러는 다른 나라를 침략하는 일을 멈추지 않았어요. 마침내 히틀러는 러시아마저 쳐들어가 러시아 땅 절반을 빼앗았어요.

동양의 일본도 히틀러처럼 세계를 정복하기 위해 다른 나라를 침략했어요. 일본은 먼저

우리나라와 중국을 침략하고 태평양과 동남아시아에 있는 여러 나라들을 정복하려 했어요. 그 나라들은 미국의 식민지였기 때문에 일본은 미국과 전쟁을 벌였지요.

독일과 일본, 이탈리아는 동맹을 맺어 서로 도와 가며 전쟁을 일으켰답니다. 세계 여러 나라들은 힘을 모아 독일, 일본, 이탈리아와 맞서 싸웠지요. 제2차 세계 대전이 시작되었던 거예요.

제2차 세계 대전 초반에는 독일과 일본, 이탈리아가 우세했어요. 하지만 미국이 이끄는 연합군은 프랑스의 노르망디 해안으로 몰래 들어가 독일군을 공격했어요. 연합군이 노르망디 싸움에서 승리하자 독일은 항복했어요. 제2차 세계 대전은 세계에서 가장 큰 전쟁으로 제1차 세계 대전보다 세 배나 많은 사람이 죽었답니다.

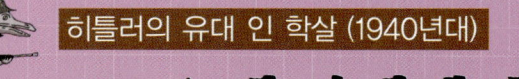

히틀러의 유대 인 학살 (1940년대)

75. 유대 인에겐 총알도 아깝다?

기차 한 대가 독일(폴란드 수용소 아우슈비츠)에 도착하자 발 디딜 틈 없이 기차를 가득 메우고 있던 유대 인들이 떠밀려 나왔어요. 독일군은 유대 인의 신체검사를 시작했어요. 건강한 사람은 한쪽으로 모아졌어요.

"어린애가 몸이 약하군. 저쪽!"

다섯 살 난 아이는 몸이 건강하지 않은 쪽으로 보내졌어요.

"안 돼요. 이 아이는 나와 함께 있어야 해요."

몸이 건강한 쪽으로 보내졌던 아이의 아버지는 독일군을 잡고 매달렸어요.

"히틀러의 명령이다. 감히 누가 대꾸를 하느냐?"

독일군은 아이 아버지를 발길로 찼지만 아버지는 계속 매달렸어요. 결국 독일군은 아이가 보는 앞에서 아버지를 총으로 쏘아 죽였답니다.

독일군은 몸이 건강하지 않은 사람들을 데리고 밖으로 나갔어요.

"너희들은 지금부터 목욕을 하는 거다."

목욕탕 앞에서 많은 유대 인들이 줄을 서서 순서를 기다렸어요. 하지만 목욕탕에 들어간 사람들은 한 명도 나오지 않았답니다. 목욕탕 안에 가스를 가득 넣어 유대 인들을 숨지게 한 것이지요.

독일군은 왜 유대 인을 죽였을까요?

유대 인은 옛날 이스라엘 지방에 살다가 땅을 잃고 세계를 떠도는 민족이랍니다. 그들은 유럽 사람들과는 다른 '유대교'라는 종교를 가지고 있어 옛날부터 유럽 사람들의 미움을 받아 왔어요.

유대 인은 몇천 년 동안 나라 없이 세계를 떠돌면서도 자기 민족과 종교에 대해 중요하게 생각했어요. 또한 자신들은 신이 선택한 민족이라고 생각하는 '선민의식'이 있었지요. 이런 점에서 히틀러는 유대 인을 독일 민족보다 더 뛰어나다고 생각했어요. 또 제1차 세계 대전 때 유대 인이 적군 편에 서서 독일과 맞선 것도 히틀러가 유대 인을 싫어한 이유였지요.

히틀러는 독일의 수상이 되자마자 독일 안에 있는 유대 인들을 보이는 대로 잡아들여 죽였어요. 또 제2차 세계 대전 때도 가장 먼저 유대 인을 골라 죽였어요. 히틀러는 유대 인을 죽이는 데 쓰는 총알도 아까워 목욕탕에서 가스로 죽이는 방법을 쓰는 등 매우 잔인했답니다.

미국, 일본에 원자 폭탄 투하 (1945년)

76. 하늘에서 떨어진 원자 폭탄?

소녀는 어머니와 함께 일본 히로시마에 사는 고모네 집에 갔어요. 문 앞에 도착한 소녀는 고모를 불렀어요.

"고모는 아파서 못 나와."

어머니가 소녀에게 말했어요. 소녀는 고모 방으로 들어갔어요. 고모는 반가운 웃음을 지어 보였지만, 소녀는 고모 곁으로 가려 하지 않았어요. 고모 얼굴에 난 흉터가 몹시 무섭게 보였던 거예요.

그때 사촌 동생이 들어왔어요.

"엄마, 나 동생하고 놀이터에 갈래."

고모와 있기 싫었던 소녀는 사촌 동생과 함께 놀이터에 갔지만 재미있게 놀지 못했어요. 목과 눈이 튀어나온 사촌 동생은 숨이 차서 달리지도 못했고 땀만 줄줄 흘렸어요.

"너랑 고모는 왜 이렇게 아픈 거니?"

소녀의 질문에 사촌 동생은 심각한 표정을 지었어요.

"응, 원자 폭탄 때문이래."

고모와 사촌 동생을 아프게 한 원자 폭탄은 무엇일까요?

미국은 일본 히로시마와 나가사키에 원자 폭탄을 떨어뜨렸답니다. 히로시마와 나가사키에 사는 수많은 사람들이 아무 잘못 없이 죽거나 다쳤어요.

미국은 제2차 세계 대전에 참전하지 않고 중립을 지키고 있었어요. 그런데 1941년 일본이 미국 하와이 주의 진주만에 정박해 있던 미 태평양 함대를 기습 공격하여 엄청난 피해를 입혔어요. 이것이 미국이 제2차 세계 대전에 참전한 계기가 되지요. 이때를 틈타 일본은 태평양에 있는 필리핀, 말레이시아, 미얀마를 비롯한 여러 섬들을 차례대로 공격했어요.

화가 난 미국도 일본을 공격했어요. 전열을 정비한 미국은 잇따른 승리로 일본에 빼앗긴 땅들을 되찾아 왔어요. 게다가 일본과 동맹을 맺었던 독일과 이탈리아가 항복하자 전쟁은 점점 일본에게 불리해졌답니다.

그리고 미국은 1945년 8월 6일과 9일 각각 히로시마와 나가사키에 원자 폭탄을 떨어뜨렸어요. 원자 폭탄으로 히로시마에서 14만 명, 나가사키에서 7만 명이 죽는 끔찍한 상황이 벌어졌답니다. 이후 일본은 1945년 8월 15일에 무조건 항복을 선언했어요. 이로 인해 일본의 식민지였던 우리나라도 해방을 맞이하게 되었답니다.

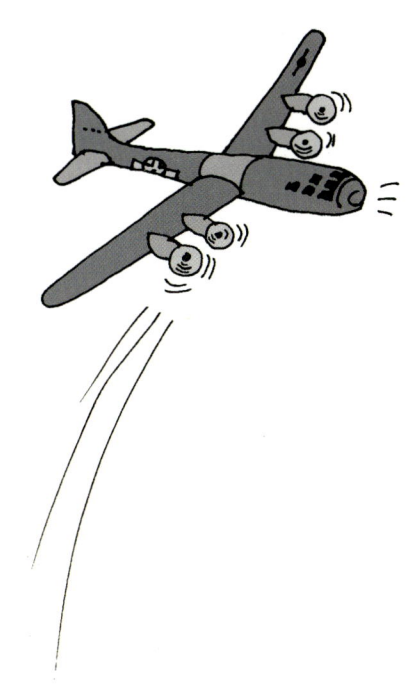

국제 연합 창설 (1945년)

77. 세계 평화를 위해 만난 두 사람?

미국의 루스벨트 대통령이 영국을 방문했어요. 영국의 처칠 수상은 루스벨트 대통령을 반갑게 맞이하며 악수를 청했어요.

"어서 오십시오. 무슨 일로 오셨는지요?"

"지금은 전쟁 중이오. 이 전쟁이 어떻게 해서 일어났다고 생각합니까?"

"그야……."

처칠 수상은 말을 얼버무렸어요.

"제1차 세계 대전이 끝나고 만들어진 국제 연맹이 제 기능을 하지 못했기 때문이지요."

루스벨트 대통령은 단호하게 말했어요.

"당신네 미국과 소련이 국제 연맹에 가담하지 않았으니 그 말이 힘을 발휘할 수 있겠습니까?"

"그래요. 우리 미국이 그동안 세계 평화를 위해 적극적으로 나서지 않았지요. 그래서 말인데, 이번에 미국이 세계 평화를 위한 선언문을 영국과 함께 만들려고 합니다.

루스벨트 대통령의 말에 처칠 수상은 미소를 머금었어요. 두 사람은 손을 굳게 잡았답니다.

"우리 함께 세계 평화를 지켜 나갑시다."

그들이 세계 평화를 위해 만든 선언문은 무엇일까요?

1941년 미국의 루스벨트 대통령과 영국의 처칠 수상은 '대서양 헌장'을 만들었어요. 이 문서에는 모든 나라가 무기를 적게 가질 것, 제2차 세계 대전을 일으킨 나라들은 군대를 갖지 못하게 할 것 등 여덟 가지 내용이 적혀 있었어요.

대서양 헌장을 통해 세계는 평화의 주요성을 깨달았어요. 그러다가 1945년 50개국 대표들이 모여 '국제 연합'이라는 기구를 만들었답니다.

국제 연합은 세계 평화를 위한 기구라는 점에서 제1차 세계 대전이 끝난 뒤에 만들어진 국제 연맹과 비슷했어요. 그런데 국제 연맹은 말로만 평화를 지키자고 할 수 있는 반면, 국제 연합은 평화를 깨려는 나라가 있을 때 군대를 보내 전쟁을 막을 수 있도록 했답니다. 또 경제, 사회 문제에서 세계가 힘을 모을 방법을 찾는 역할도 맡았지요.

하지만 국제 연합의 결정은 미국, 영국, 소련, 프랑스, 중국 다섯 개 나라만 할 수 있어 강대국 이익을 우선으로 여겼답니다.

중화 인민 공화국 건국 (1949년)

78. 나 먹을 건 없어도 공산당을 살려야 해?

다 쓰러져 가는 초라한 집에 사는 부부가 밖으로 나왔어요. 중국의 길거리는 굶어 죽는 사람들의 시체로 온통 난장판이었어요.

"쯧쯧, 어쩌면 좋을지……."

남편의 말에 부인은 굶어 죽은 아이가 생각나서 울음을 터뜨렸어요.

"죽은 막내아이 생각일랑 잊어요. 남은 자식들이라도 살려야 하지 않겠소."

남편이 부인의 어깨를 감싸며 위로했어요. 부부는 눈물을 훔치며 산으로 갔어요. 산에는 아직 풀들이 남아 있었어요. 부부는 하루 종일 풀을 뜯었어요.

"내일쯤 되면 이 풀도 남아나질 않겠네요."

부인이 한숨을 쉬었어요.

"내일 일은 내일 걱정합시다."

남편의 말에 아내는 기운을 냈어요. 날이 어둑어둑해지자 부부는 산을 내려왔어요. 부인은 풀로 국을 끓여 아이들에게 먹였어요.

"여보, 국 남은 거 한 그릇 주구려."

남편은 부인이 준 풀국을 가지고 창고로 갔어요.

창고 안에는 한 남자가 숨어 있었어요.

"좀 들고 기운을 내시오. 당신네가 혁명에 성공해야만 우리 모두 살아남을 수 있소."

남자는 허겁지겁 풀국을 먹고 인사를 꾸벅하더니 몰래 그 집을 빠져나왔어요.

그 남자는 누구일까요?

　제2차 세계 대전이 끝난 뒤 일본은 그동안 지배했던 중국 땅에서 물러났어요. 중국의 공산당은 중국을 공산주의 국가로 만들어야 한다고 주장했고, 국민당은 자본주의 국가로 만들어야 한다고 주장했지요. 오랫동안 싸우던 끝에 공산당은 국민당에게 함께 정부를 만들자고 했어요. 하지만 국민당은 공산당을 무시하고 미국의 도움을 받아 새 정부를 세웠어요.

　하지만 새 정부는 나라를 잘 돌보지 못해 국민들은 굶어 죽어 갔어요. 그들은 새 정부를 원망했어요. 공산당은 산속에 숨어 국민당 정부와 전쟁을 벌여 마침내 이겼답니다. 국민들이 공산당을 도왔기 때문이지요.

　공산당은 중국 땅에서 국민당을 몰아내고 '중화 인민 공화국'이라는 나라를 세운 뒤 마오쩌둥을 지도자로 뽑았어요. 한편 국민당 사람들은 배를 타고 섬으로 가서 새로운 자본주의 나라를 세웠답니다. 그 나라가 바로 '대만'이에요.

냉전 (1950~1980년대)
79. 미국에 빨갱이가 많다고?

"미국 정부에는 205명의 공산주의자가 있습니다. 빠른 조치가 필요해요."

미국의 '매카시'라는 의원의 주장에 시민들은 깜짝 놀랐어요.

"아니, 그게 정말이야?"

"뭐 하고 있냐? 당장 공산주의자를 잡아들이지 않고."

시민들이 목소리를 높이자 미국 정부는 어쩔 줄 몰랐어요.

"누가 공산주의자인지 모르니 난감하군."

공무원들은 하소연을 늘어놓았어요. 이때 한 직원이 정부로 배달된 편지를 책상 위에 쏟았어요. 편지는 수북이 쌓였어요.

그 편지는 사람들이 주변에 있는 사람을 공산주의자로 의심하는 내용이었답니다.

"됐소. 편지에 적힌 사람들부터 잡아들입시다."

미국 정부는 닥치는 대로 사람들을 잡아들였어요. 그러자 국민들은 공산주의자로 의심받지 않을까 두려움에 떨었어요.

미국은 왜 그렇게 공산주의자를 싫어했을까요?

166

제2차 세계 대전이 끝나자 그동안 식민지였던 나라들이 독립해서 새로운 국가를 만들었어요. 미국은 새롭게 독립하는 국가들이 미국을 본받아 자본주의 국가가 될 거라고 생각했어요. 또 자본주의 국가를 세울 수 있도록 도와주었어요.

하지만 몇 개의 식민지는 소련의 지원을 받아 공산주의 국가를 세웠어요. 특히 인구가 많은 중국이 공산주의 국가가 되자 미국은 충격을 받았어요.

미국은 공산주의자들을 놔두면 또다시 세계가 전쟁에 휩싸일 수 있다고 생각했어요. 그래서 소련과 중국을 비롯한 공산주의 국가들과 친하게 지내지 않았어요. 이런 와중에 매카시 의원이 미국 정부에 공산주의자가 있다고 말했어요.

미국은 국가 안에 있는 공산주의자들을 뿌리 뽑지 않으면 미국도 공산주의 나라가 될 수 있다고 생각했어요. 그래서 공산주의자로 보이는 사람들을 잡아서 다른 나라로 쫓아내거나 감옥에 보냈어요. 이때 공산주의자가 아닌 사람이 누명을 쓴 경우도 많았답니다. 이렇게 극단적으로 공산주의자를 반대하는 것을 '매카시즘'이라고 해요.

미국의 매카시즘은 세계 자본주의 국가로 퍼졌어요. 자본주의 국가와 공산주의 국가는 서로를 적으로 여겼어요. 이러한 세계적인 분위기를 '냉전'이라고 해요. 냉전은 1950년대부터 시작되어 1980년대까지 이어졌답니다.

제3세계의 아시아 아프리카 회의 (1955년)
80. 자본주의도, 공산주의도 싫어?

　미국과 소련 등의 강대국들이 모여서 회의를 열었어요. 회의 내용은 한국의 독립에 대한 것이었지요.
　"지금 한국을 독립시키는 것은 무리입니다. 다른 나라가 맡아서 한국이 제대로 독립 정부를 만들 수 있도록 도와주어야 합니다."
　이 말에 다른 나라들도 동의했어요.
　"어느 나라가 한국을 맡아야 할까요?"
　"미국이 맡아야 한국이 정부를 만들 수 있을 거예요."
　미국 대표가 말하자 소련 대표가 반발했어요.
　"아니 그게 무슨 소리입니까? 한국 시민들은 지금 공산주의 국가를 만들려고 하고 있소. 그렇다면 당연히 우리 소련이 나서야지요."
　미국 대표와 소련 대표는 한동안 실랑이를 벌였어요. 하지만 어느 나라도 양보하려고 들지 않았어요.
　"하는 수 없군요. 38도선을 경계로 해서 미국과 소련이 나누어 맡읍시다. 한국이 공산주의를 택하든, 자본주의를 택하든 하나의 정부를 세울 수 있도록 도와줍시다."
　"좋소. 그렇게 하지요."
　두 나라는 합의를 보았어요. 이 결정으로 한국은 남과 북으로 나뉘어 미국과 소련이 각각 맡았답니다.
　미국과 소련은 왜 마음대로 다른 나라 일에 간섭했을까요?

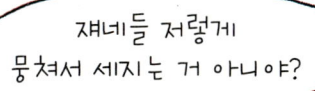

제2차 세계 대전이 끝나자 그동안 식민지였던 나라들은 독립해서 각각 국가를 만들었어요. 소련은 이들이 공산주의 국가를 만들기를 바랐고 미국은 자본주의 국가를 만들기를 바랐어요.

그러나 독립 국가에게 중요했던 것은 자본주의나 공산주의가 아닌 독립 그 자체였어요. 독립 국가들은 자본주의나 공산주의 가운데 하나를 선택하면 또다시 미국이나 소련의 지배를 받게 된다고 생각했어요. 그래서 자본주의와 공산주의 모두 반대했어요.

독립 국가들은 인도네시아 '반둥'이라는 도시에 모여 회의를 열었어요. 이 회의를 '제1회 아시아 아프리카 회의'라고 해요. 이 회의에 모인 국가들은 미국과 소련을 중심으로 한 냉전이 세계의 평화를 위협한다고 생각했어요. 그래서 자본주의나 공산주의를 선택하지 않고 중립을 지킬 것을 선언했어요. 또 힘센 국가가 다른 국가를 침략해서 식민지를 만드는 것을 반대했어요. 이러한 선언을 한 국가들은 '제3세계'라고 한답니다.

아폴로 11호의 달 착륙 (1969년)

81. 지구 사람, 달나라에 가다?

"5, 4, 3, 2, 1, 0!"

미국 사람들은 다 같이 숫자를 세었어요. '0'을 외치는 사람들의 소리와 함께 거대한 우주선 아폴로 11호의 꼬리에서 불이 뿜어져 나왔어요. 잠시 뒤 우주선은 하늘을 향해 날았어요. 사람들은 아폴로 11호가 먼 하늘 속으로 사라질 때까지 눈을 뗄 수가 없었어요.

일주일이 지났어요.

뚜뚜뚜뚜!

우주에 떠 있는 아폴로 11호가 미국의 항공 기지로 신호를 보냈어요. 그와 함께 태어나서 처음 보는 신기한 화면을 보내 왔어요.

화면에는 아폴로 11호가 달 표면에 사뿐히 내려앉는 모습이 보였어요. 이윽고 아폴로 11호의 문이 열리고 사다리가 내려왔어요. 우주선에 탔던 대장 '닐 암스트롱'이 사다리를 타고 아래로 내려왔어요. 암스트롱은 달 표면에 왼발을 내딛었어요.

"와아, 달에 도착했다. 우리가 드디어 해냈어!"

이 광경을 지켜보던 사람들은 서로 얼싸안고 기쁨의 눈물을 흘렸어요.

사람이 어떻게 달에 갈 수 있게 되었을까요?

1957년 소련에서 만든 인공위성 스푸트니크 1호가 지구의 둘레를 돌아오는 데 성공했어요. 인류가 띄운 첫 우주선이었지요. 한 달 뒤 우주에서도 생물체가 살 수 있는지 알아보기 위해 소련은 스푸트니크 2호를 만들어 개 한 마리를 태우고 우주로 날려 보았어요.

몇 번의 실험 끝에 개가 우주를 돌아오는 데 성공했어요. 그러자 소련은 다시 루니크 3호에 사람을 태우고 달에 갔다 왔답니다. 이들은 달 뒷면의 사진을 찍어 보내왔지만 달에 착륙하지는 못했어요. 이후 사람을 태우지 않은 소련의 루나 9호는 거뭇거뭇하게 얼룩져 있는 달의 표면을 확실히 보여 주어 달에 대한 신비를 벗겨 주었어요.

소련이 우주 연구에 성과를 보이자 미국도 서둘러 우주 연구와 실험 발사를 해 보았답니다. 미국은 달에도 사람이 갈 수 있을 거라고 생각하고 우주선에 사람을 태우고 달에 보냈어요. 몇 차례의 실패 끝에 아폴로 11호는 달 표면에 인류의 첫 발자국을 찍을 수 있게 되었답니다.

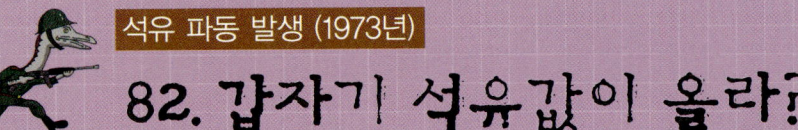

석유 파동 발생 (1973년)

82. 갑자기 석유값이 올라?

석유 가게가 문을 열지 않았는데도 사람들은 석유를 먼저 사기 위해 서로 밀치며 가게 문을 두드려 댔어요.

"이러지 말고 줄을 서요, 줄을!"

한 사람이 소리쳤지만 아무도 그 말을 들으려 하지 않았어요. 사람들의 소란에 석유 가게 주인은 하는 수 없이 문을 열었어요. 사람들은 석유 가게 안으로 우르르 몰려들었어요. 유리가 깨지고 손잡이가 부서지도록 가게를 샅샅이 뒤졌지만 석유통은 텅 비어 있었어요.

"석유가 없소. 그놈의 석유 때문에 우리도 망했어요."

시름에 빠진 석유 가게 주인이 입을 열었어요.

"그럼 석유는 다 어디로 간 거요?"

사람들은 불평을 늘어놓았어요.

"값이 너무 올라서 도저히 석유를 들여놓을 수가 없소. 이제 우리처럼 평범한 사람은 석유를 구경조차 못할 거요."

석유값은 왜 갑자기 올랐을까요?

석유가 가장 많이 나는 곳은 이란, 이라크, 쿠웨이트, 사우디아라비아 등이에요. 이들은 대부분 아랍 국가들로, 전 세계에서 쓰는 석유의 70퍼센트 이상이 이곳에서 난답니다.

하지만 석유값은 이 나라들이 아닌 선진국에서 결정했어요. 석유를 만들어 내는 아랍 및 여러 국가들은 선진국과 석유값을 의논할 수 있도록 모임을 만들었어요. 이것을 '석유 수출국 기구(OPEC)'라고 하지요.

그런데 아랍 국가들은 종교가 다른 이스라엘과 사이가 좋지 않아 전쟁이 자주 일어났어

요. 특히 1967년에 일어난 아랍과 이스라엘의 전쟁에서 이스라엘은 아랍 국가의 땅을 빼앗았답니다. 미국이 좋은 무기를 주었기 때문이에요. 그래서 아랍 국가들은 미국을 싫어했어요.

당시 미국은 아랍 국가에서 석유를 수입하고 있었어요. 이 약점을 이용해 아랍 국가들은 힘을 모아 선진국 회사들과 의논도 없이 석유값을 올렸지요. 또 미국에는 석유를 팔지 않겠다고 선언했어요.

1973년 한 해 동안 석유값은 네 배나 올랐어요. 미국은 물론 세계 여러 나라는 산업을 발전시키지 못했고 큰 경제적 손해를 입었어요. 이 일로 미국을 비롯한 선진국들은 더 이상 아랍 국가를 우습게 볼 수 없었어요. 그리고 석유값을 결정하는 권한도 몇몇 선진국에서 '석유 수출국 기구'로 넘겨졌답니다.

고르바초프의 페레스트로이카 (1985년)

83. 공산주의 국가는 부자가 될 수 없어?

사람들은 소련 정부에서 운영하는 공장으로 갔어요. 그들은 일을 하지 않고 여기저기 모여 앉아 수다를 떨었어요.

"점심이나 먹었으면 좋겠네. 오늘 아침 식사 배급은 진짜 엉망이었어."

"그러게 말이야. 빵 한 조각 먹고 어떻게 점심까지 버티라고."

사람들은 아침 식사에 대한 불만을 털어놨어요.

"빵 한 조각도 감지덕지지. 앞으로는 그것도 없대."

"그러면 우리더러 굶어 죽으라는 말인가?"

"나라에 돈이 없다는데 어쩌겠어요."

이때 작업반장이 나타났어요.

"뭐 하는 거요? 일을 하시오, 일을!"

하지만 사람들은 계속 딴청을 피웠어요.

"어차피 일을 많이 하나 적게 하나 우리가 받는 것은 빵 한 조각뿐이야. 그러니 어디 일할 맛이 나겠어?"

한 노동자의 말에 사람들은 고개를 끄덕였어요. 작업반장의 호통은 더욱 심해졌어요. 사람들은 터덜터덜 자기 자리로 돌아갔어요. 하지만 그들은 일하는 시늉만 할 뿐이었답니다.

사람들은 왜 이렇게 게으름을 피운 걸까요?

소련은 공산주의 국가였어요. 공산주의 국가는 일을 똑같이 하고 재산을 똑같이 나누어 갖는 평등한 나라랍니다. 공산주의 국가는 개인의 재산이 없이 나라에서 음식과 생활용품을 나누어 주었지요. 그러다 보니 열심히 일하든 일하지 않든 국민들에게 나누어지는 음식과 생활용품은 똑같았어요.

그래서 소련 사람들은 열심히 일하지 않았고 점점 물건을 만들어 내는 능력이 떨어졌어요. 뿐만 아니라 공산주의 국가는 자본주의 국가와 무역을 하지 않았기 때문에 더욱더 가난해졌어요.

소련의 고르바초프 대통령은 과학을 발전시키고 경제 제도를 개혁해 부족한 식량 문제를 해결해야 한다고 주장했어요. 이것을 '페레스트로이카'라고 하지요. 또한 고르바초프는 소련이 다른 자본주의 국가들과 무역을 해야 한다고 주장했답니다. 이것을 '글라스노스트'라고 해요.

페레스트로이카와 글라스노스트는 동유럽에 있는 여러 공산주의 국가에게 영향을 주었어요.

독일 통일 (1990년)

84. 베를린 장벽을 부수다?

어느 가을밤, 자정을 알리는 교회의 종이 울렸어요.

"드디어 굳게 닫힌 경계선을 열었습니다."

독일 동쪽에 있던 동독 정부의 발표가 울려 퍼지자 사람들은 손에 망치와 삽 등을 들고 '베를린'이라는 도시로 모였어요.

"저 장벽을 부수자."

한 청년이 베를린 가운데에 세워져 있는 2.5미터 높이의 시멘트 벽을 가리키며 말했어요.

"우리는 하나다. 서독으로 가자!"

사람들이 소리를 지르며 시멘트 벽으로 다가서서 벽을 부수기 시작했어요. 벽은 순식간에 무너졌어요. 어떤 사람들은 기쁨의 눈물을 흘렸고 어떤 사람들은 부서진 시멘트 벽 위에 올라가 춤을 추었답니다.

"우리의 눈으로 자유를 확인합시다."

"와, 통일이다!"

동독에 살던 많은 사람들은 서독으로 갔어요.

"마침내 독일은 하나의 국가가 되었습니다. 당신들을 환영합니다."

아침이 되자 서독 정부는 동독 사람들을 뜨겁게 맞이했어요. 독일 거리는 축제로 물들었어요. 독일은 왜 동독과 서독으로 갈라졌던 것일까요?

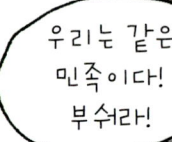

독일은 제1차 세계 대전과 제2차 세계 대전을 일으켰으나 두 전쟁에서 모두 졌어요. 제2차 세계 대전이 끝나자 세계의 여러 나라들은 독일이 또다시 전쟁을 일으킬까 봐 걱정했어요. 그래서 베를린을 중심으로 독일 땅을 둘로 갈라 한동안 미국과 소련이 나누어 지배했어요.

그 경계선은 미국과 소련이 물러난 이후에도 남아 서독과 동독이라는 두 나라가 되었지요. 두 나라는 높은 장벽을 쌓아 놓고 서로 다니지 못하게 했어요.

서독은 발전해 잘사는 나라가 되었지만 동독은 갈수록 가난해졌답니다. 동독 사람들은 열심히 일하는 사람이나 그렇지 않은 사람이나 똑같은 대우를 하는 공산주의 정부에 불만이 많았어요.

당시 소련과 동유럽 등 공산주의 국가들은 개혁을 하거나 하나 둘씩 자본주의 국가로 돌아서고 있었어요. 동독 정부도 국민들의 요구에 따라 마침내 공산주의를 그만두기로 결정했어요. 동독은 서독에 흡수되어 독일은 다시 하나의 국가가 되었답니다.

소련 해체 (1991년)

85. 지구에서 없어진 소련?

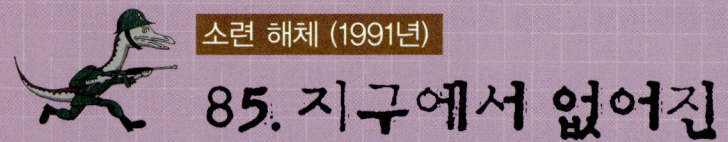

소련의 옐친 대통령은 사람들을 모아 놓고 회의를 열었어요.

"더 이상 소련을 이렇게 두어선 안 될 것 같아 여러분을 모셨습니다."

옐친 대통령은 엄숙한 표정으로 말했어요.

"우리도 자본주의를 받아들여야 합니다. 이미 고르바초프 대통령께서 소련을 개혁했지만 변한 게 없습니다."

"그럼 어떻게 하자는 겁니까?"

다른 사람들은 조심스레 옐친 대통령의 표정을 살폈어요.

"소련의 각 도시를 각각의 나라로 만들어 각 나라마다 스스로 결정해서 자본주의를 받아들이도록 합시다."

"뭐요? 소련을 없애자고요? 그게 대통령이 할 말입니까?"

사람들은 옐친 대통령의 말에 얼굴빛이 변했어요.

"이 문제는 여기서 우리들끼리 결정할 문제가 아닌 것 같소."

사람들은 이 중대한 일에 선뜻 결정을 내리지 못했어요. 그들은 모두 고민스러운 표정을 지으며 회의장을 빠져 나갔어요.

소련은 어떤 결정을 내렸을까요?

　1991년 지구에서 소련이라는 나라가 없어졌어요. 소련의 각 지방은 독립해서 각각의 국가를 만들었어요. 당시 소련의 대통령이었던 옐친 대통령은 가장 큰 지방이었던 '러시아 공화국'의 대표가 되었답니다.

　공산주의 국가였던 소련은 공산주의의 단점을 알게 되었어요. 공산주의란 모든 사람이 함께 생활에 필요한 것을 만들어 내고 그것을 함께 나누어 쓰는 경제 제도를 말하지요. 이렇게 국가가 모든 경제를 담당, 운영하는 것을 '계획 경제'라고 한답니다.

　계획 경제는 모든 사람이 능력과 상관없이 배분을 받는 것을 말해요. 따라서 사람들은 열심히 일하려 하지 않았고 그만큼 만들어 내는 물건도 적어질 수밖에 없었어요. 그 때문에 소련은 점점 가난해졌고 국가는 어려움에 빠졌어요.

　옐친 대통령은 더 이상 계획 경제를 하면 안 된다고 생각했어요. 그러기 위해서는 맨 처음 모든 경제를 담당하고 운영해 오던 국가와 정부를 없애야 했어요. 그래서 소련이라는 국가를 없애기로 한 거지요.

　소련의 각 지방이 독립되어 만들어진 독립 국가들이 모여서 '독립 국가 연합'을 만들었어요. 그 대표는 여전히 옐친 대통령이었지요. 하지만 독립 국가 연합은 그전 소련에서 있었던 일을 처리하거나 국제적으로 독립 국가들을 대표하는 일만 맡았답니다.

179